角筆口訣 寫眞資料 4

晉本 華嚴經 卷第二十 · 周本 華嚴經 卷第二十二

— 誠庵古書博物館 所藏 —

태학사

집필진
이승재 (서울대학교 교수)
남풍현 (구결학회 고문)
윤행순 (한밭대학교 교수)
김영욱 (서울시립대학교 교수)
권인한 (성균관대학교 교수)
박진호 (한양대학교 교수)
장경준 (고려대학교 교수)
김성주 (한국기술교육대학교 연구교수)
박준석 (말라야대학교 교수)
서민욱 (가톨릭대학교 박사)
정진원 (고려대학교 강사)
조은주 (단국대학교 강사)

角筆口訣 寫眞資料 4

晉本 華嚴經 卷第二十 · 周本 華嚴經 卷第二十二

초판 제1쇄 인쇄 2009년 7월 20일 초판 제1쇄 발행 2009년 7월 31일
지은이 이승재 외
펴낸이 지현구 **펴낸곳** 태학사 **등록** 제406-2006-00008호
주소 경기도 파주시 교하읍 문발리 파주출판도시 498-8
전화 마케팅부 (031)955-7580~2 편집부 (031)955-7585~90 **전송** (031)955-0910
홈페이지 www.thaehaksa.com **전자우편** thaehak4@chol.com

값 25,000원

ISBN 978-89-5966-318-7 94710
ISBN 978-89-5966-001-8 (세트)

☞ 이 연구는 한국학술진흥재단의 기초학문육성사업 인문사회분야지원 토대연구
(과제번호 KRF-2005-078-AM0026)의 연구비를 받아 수행되었다.

晉本 華嚴經 卷第二十・周本 華嚴經 卷第二十二

— 誠庵古書博物館 所藏 —

머리말

여기에 影印하는 寫眞 資料는 角筆口訣 研究에 필수적인 資料이다. 이 자료는 誠庵古書博物館(館長 趙炳舜)에 所藏되어 있는 晉本 『華嚴經』 卷第二十과 周本 『華嚴經』 卷第二十二이다. 晉本 『華嚴經』 卷第二十은 十세기에, 周本 『華嚴經』 卷第二十二는 十一世紀 말엽이나 十二世紀 초엽에 간행된 것으로 추정되는 木版本이다.

角筆은 나무·대나무·상아·뿔 등을 뾰족하게 깎아 만든 것으로서 종이를 눌러 點을 찍거나 線을 긋는 筆記具의 일종이다. 언제 누가 이 角筆을 처음 사용하기 시작하였는지는 아직 확실하지 않지만 종이가 發明된 이후에 古代의 韓·中·日 三國에서 널리 사용된 필기구로 추정된다. 붓에다 黑墨·朱墨·黃墨 등을 묻혀서 紙面에 기입한 것은 색깔이 겉으로 드러나기 때문에 금방 눈에 들어온다. 그러나 각필을 이용하여 종이를 눌러 기입한 點이나 線 등의 흔적은 彩色된 것이 아니라서 얼른 눈에 띄지 않는다. 그리하여 각필 흔적은 千年의 秘密을 간직한 채 숨겨져 왔던 것이다.

二〇〇〇年 七月 初旬, 角筆 文獻 研究의 開拓者이자 權威者인 日本의 小林芳規 教授가 訪韓하여 南豊鉉 會長을 비롯한 口訣學會 任員들과 共同으로 角筆 資料를 조사하던 중에 初雕大藏經의 『瑜伽師地論』 卷第八에서 角筆로 記入된 點과 線을 發見하게 되었다. 그 후의 연구 결과 이 點과 線이 우리말 口訣을 記錄한 것이라는 사실이 밝혀짐으로써 우리는 뜻하지 않게 千年 前의 우리말 資料를 大量으로 確保하게 되었다. 國語史 研究에 劃期的 變化를 가져올 資料를 새로이 發掘한 것이다.

그런데 學者들에게 이 角筆 資料를 어떻게 提供할 것인가 하는 문제가 쉽게 풀리지 않았다. 처음에는 現代의 漢字를 이용하여 옛날의 版式에 맞추어 판을 짠 다음 여기에 角筆로 기입된 點과 線을 옮겨 놓는 방법을 택하였다. 이른바 現代 漢字體 移點本을 만든 것이다. 그런데 現代의 字形과 옛날의 字形이 서로 一致하지 않는 漢字가 아주 많아서 큰 문제에 봉착하게 되었다. 晉本 『華嚴經』 卷第二十이나 周本 『華嚴經』 卷第二十二에 각필로 기입된 점과 선의 位置는 아주 精密한 것이라서 그 위치를 原本 그대로 보여줄 필요가 절실하였던 것이다. 이들 『華嚴經』의 漢字 字形을 原本 그대로 보여줄 필요성도 날로 커졌다.

연구 자료를 연구실에 구비하는 것은 모든 연구자에게 필수적이지만 국보로 지정될 만큼 貴重한 文化財를 그리할 수는 없는 일이다. 그러나 寫眞을 찍어 자료를 연구실에 비치하게 되면 연구 효율을 극대화

할 수 있다. 사진 자료는 原文을 그대로 보여주는 최상의 자료이기 때문이다. 소장자인 趙炳舜 館長님의 돈독한 배려와 지원으로 우리는 사진 자료를 값싸게 아무 때나 들춰볼 수 있게 되었다. 관장님의 厚意에 다시 한 번 머리 숙여 감사드린다.

이미 출판된 角筆口訣 寫眞資料 一 『初雕大藏經 瑜伽師地論 卷第五·卷第八』에서는 원래의 사진을 가공하지 않고 그대로 출판하였다. 角筆 痕迹이 뚜렷하여 육안으로도 쉽게 확인되기 때문이다. 그러나 晉本 『華嚴經』 卷第二十과 周本 『華嚴經』 卷第二十二의 경우 그 흔적이 뚜렷하지 않아 새로운 고민이 시작되었다. 原文의 漢字 字形을 그대로 유지하면서 동시에 각필 흔적을 뚜렷하게 드러내 보일 방법은 없는가? 필자는 이 방법을 찾아내고 나서 쾌재를 불렀다. 사진 편집기를 이용하여 원래의 사진 위에다 각필 흔적을 노란색·빨간색·파란색 등으로 彩色하는 방법을 찾아낸 것이다. 이른바 原文 漢字體 移點本을 만들게 됨으로써 자료 가공 문제는 완전히 해결되었다. 이 책에서는 원래의 사진과 더불어 각필 흔적을 彩色한 原文 漢字體 移點本을 동시에 제공하기로 하였다. 각필 흔적을 확인할 때에는 이 移點本과 解讀集(判讀과 解讀 및 飜譯)을 상호 대비해 보기를 바란다. 이 대비의 편의를 위하여 解讀集과 寫眞資料集을 分冊하였음은 두말할 필요도 없다.

角筆 資料 寫眞은 最上의 해상도를 요구한다. 따라서 좌우 四~五行 단위로 나누어 사진을 찍되 上下도 둘로 나누어서 찍게 된다. 그런데 縱書이면서도 上下가 分離되어 있는 자료는 이용하기가 여간 불편하지 않으므로 좌우를 짜 맞추고 上下를 連結하는 편집 과정이 필요하다. 이 사진 편집에는 張景俊(고려대학교 국어국문학과) 교수의 노고가 실로 컸다. 張景俊 교수는 각필 흔적을 노란색·빨간색·파란색 등으로 채색하는 일도 주관해 주었으니 이 책의 진정한 著者라고 할 수 있다.

끝으로 사진 편집의 어려움을 이겨내어 千年 전의 우리말 자료를 최상의 선명도로 출판해 준 태학사의 지현구 사장님과 편집진 여러분께 고마운 마음을 전하면서, 국어학·서지학·불교학 등의 관련 학자들이 이 사진 자료집을 이용하여 많은 업적을 내기를 기대한다.

二〇〇九年 七月二十日
관악산 기슭에서
이 승 재 씀

▼ 일러두기

一. 이 자료는 誠庵古書博物館에 소장된 晉本 華嚴經 卷第二十·周本 華嚴經 卷第二十二에 각필로 기입된 점토(구결점)와 부호를 비전문가도 쉽게 알아 볼 수 있도록 원본의 사진 영인본과 점토 채색본을 나란히 제시한 것이다.

二. 사진 영인본은 二〇〇二年 十一月과 二〇〇三年 十二月에 개최된 구결학회 월례강독회에서 각각 배포한 사진본을 편집한 것이고, 점토 채색본은 사진 영인본을 바탕으로 하여 각필로 기입된 부분에 별도의 색깔을 입혀 표시하였다.

三. 점토 채색본에서 색깔을 입혀 표시한 부분은 기본적으로 각필구결 연구 모임에서 공동 작성한 二〇〇七年 十一月 현재의 잠정 판독안에 기록된 내용을 반영한다. 반영된 내용은 다음의 원칙에 의해 표시되었다.

가. 판독된 점토는 노란색으로 표시한다. 위치나 형태가 둘 이상의 해석 가능성을 지니는 경우에는 가장 먼저 제시된 판독 방안을 반영한다. 단, 기술적인 문제로 종이가 노란색으로 보이는 부분에서는 노란색으로 표시하던 점토를 검은색으로 표시하였다.

나. 물음표로 표시한 것, 즉 있는 것으로 의심되지만 잘 보이지 않아서 판독 결과를 확신하기 어려운 것은 빨간색으로 표시한다.

다. 중괄호로 표시한 것, 즉 분명히 있는 것 같은데 해독에는 반영하기 어려운 것은 파란색으로 표시한다.

라. 점토가 아닌 이른바 경계선·중복선·술목선 등의 부호는 파란색으로 표시한다.

四. 점토 채색본에 표시된 점이나 선들은 시각적 효과를 높이기 위해 실제보다 더 두껍고 길게 표시하였다. 그리고 일부의 예들은 판독안에 기록된 것만큼 잘 보이지 않는 경우도 있다. 따라서 점토 채색본을 이용하여 논의를 할 때에는 사진 영인본의 해당 부분을 자세히 살펴 실제 모습을 확인하는 과정을 반드시 거쳐야 할 것이다.

晉本 華嚴經 卷第二十

— 誠庵古書博物館 所藏 —

大方廣佛華嚴經金剛幢菩薩十迴向品之七
佛子何等為菩薩摩訶薩第八如相迴向佛
子此菩薩摩訶薩成就念智安住不動離癡
正直心不動成就堅固不可壞業一切智
心得不退轉得大乘勇猛无畏之心脩習
盡善根積集勝妙善根脩白淨法增長大
悲得正直實常能正念一切諸佛白淨法迴
向心不退轉樂求菩薩道巧妙方便出生清

大方廣佛華嚴經金剛幢菩薩十迴向品之七 十
佛子何等爲菩薩摩訶薩第八如相迴向佛
子此菩薩摩訶薩成就念智安住不動離癡
直心不動成就堅固不可壞業一切智
得不退轉得大乘勇猛无畏之心修習
盡善根積集勝妙善根修白淨法增長大
得正直實常能正念一切諸佛白淨法迴
心不退轉樂求菩薩道巧妙方便出生清

晉本 華嚴經 卷第二十 第一張 一~八行

淨堅固善根正念脩習智慧功德為調御師
具足出生一切善根智慧方便迴向畢竟慧
根清淨悉能觀察一切善根長養无量種種
善根分別境界善根具足善根清淨善根一
訶善根脩習善根行善根思惟善根平等廣
說善根菩薩摩訶薩如是善根有種種門種
種境界種種相種種事種種分无量行无量
語言道出生无量分別脩行種種莊嚴善根

淨堅固善根正念脩習智慧功德爲調御師
具足出生一切善根智慧方便迴向究竟慧
眼清淨悉能觀察一切善根長養无量種種
善根分別境界善根具足善根清淨善根一
切善根脩習善根行善根思惟善根平等廣
說善根菩薩摩訶薩如是善根有種種門種
種境界種種相種種事種種分无量行无量
語言道出生无量分別脩行種種莊嚴善根

悉能正持十力諸乘菩薩摩訶薩脩習如是
種種善根一觀无二一切智境界菩薩摩訶薩
以如是等善根迴向欲令具滿无閡身脩菩
薩行欲令口業清淨无閡脩菩薩行欲令具
足无閡心業安住大乘具无閡心令菩薩行
皆悉清淨得无量大施心充滿一切衆生得
法自在心照一切法普示世間得最勝不可
壞心得清淨一切種智發菩薩心普照一切

悉能正持十力諸乘菩薩摩訶薩脩習如是
種種善根一觀无二一切智境界菩薩摩訶薩
以如是等善根迴向欲令具滿无閡身脩菩
薩行欲令口業清淨无閡脩菩薩行欲令具
足无閡心業安住大乘具无閡心令菩薩行
皆悉清淨得无量大施心充滿一切衆生得
法自在心照一切法普示世間得最勝不可
壞心得清淨一切種智發菩薩心普照一切

正念三世一切諸佛念佛三昧悉得具足滿
足離害正直之心遠離怨敵住持衆生充滿
一切而无休息於十力智悉得安住得深三
昧悉能遍遊一切世界无所染著悉住一切
刹而无猒足化度衆生未曾休息出生无量
巧便思慧具足成就一切菩薩不思議慧得
離癡智悉能分別一切世界於一念中悉能
嚴淨一切佛刹於諸通慧而得自在入一切法

正念三世一切諸佛念佛三昧悉得具足滿
足離害正直之心遠離怨敵任持衆生充滿
一切而无休息於十力智悉得安住得深三
昧悉能遍遊一切世界无所染着悉住一切
刹而无猒足化度衆生未曾休息出生无量
巧便思慧具足成就一切菩薩不思議慧得
離癡智悉能分別一切世界於一念中悉能
嚴淨一切佛刹於諸通慧而得自在入一切法

真實之相示現嚴淨一切世間於一刹中見一
切刹究竟不壞智能持一切刹以菩薩莊嚴
具而莊嚴之應現一切悉能調伏无量衆生
一佛世界廣大如法界一切世界悉復如是
得究竟智詣一切刹一切普持菩薩摩訶薩
以此善根迴向佛刹令衆生充滿迴向分別
受持智慧如為己身為衆生迴向亦復如是
令一切衆生永離地獄餓鬼畜生閻羅王處

真實之相示現嚴淨一切世間於一剎中見一
切剎究竟不壞智能持一切剎以菩薩莊嚴
具而莊嚴之應現一切悉能調伏无量衆生
一佛世界廣大如法界一切世界亦復如是
得究竟智詣一切剎一切普持菩薩摩訶薩
以此善根迴向佛剎令衆生充滿迴向分別
受持智慧如爲己身爲衆生迴向亦復如是
令一切衆生永離地獄餓鬼畜生閻羅王處

令一切衆生悲能除滅諸鄣閡業令一切衆
生悉得等心平等智慧令諸怨敵具慈心
樂清淨智慧令一切衆生智慧現前圓滿具
足普照一切令一切衆生具真實智離垢正
直菩提心无量智慧滿足令一切衆生示現
平等安隱善趣菩薩摩訶薩如是迴向脩習
善根及一切願如大雲雨令一切衆生皆悉
清淨令一切衆生爲功德福田令一切衆生

令一切衆生悉能除滅諸鄣閡業令一切衆
生悉得等心平等智慧令諸怨敵具慈心
樂清淨智慧令一切衆生智慧現前圓滿具
足普照一切令一切衆生具真實智離垢正
直菩提心无量智慧滿足令一切衆生示現
平等安隱善趣菩薩摩訶薩如是迴向脩習
善根及一切願如大雲雨令一切衆生皆悉
清淨令一切衆生為功德福田令一切衆生

守護受持菩提内藏令一切衆生離諸鄣㝵
安住无㝵清淨法界令一切衆生滿足无㝵
諸通智慧令一切衆生得自在身遊行十方
如應示現令一切衆生得无癡善根一切種
智令一切衆生攝取一切悲令清淨令一切
衆生遠離鄣㝵瞋恚之心究竟成就一切種
智復次菩薩摩訶薩若見可樂國土林樹華
菓或見可樂名香上服珍寶財物諸莊嚴具

守護受持菩提內藏令一切衆生離諸鄣㝵
安住无㝵清淨法界令一切衆生滿足无㝵
諸通智慧令一切衆生得自在身遊行十方
如應示現令一切衆生得无癡善根一切種
智令一切衆生攝取一切悲令清淨令一切
衆生遠離鄣㝵瞋恚之心究竟成就一切種
智復次菩薩摩訶薩若見可樂國土林樹華
菓或見可樂名香上服珎寶財物諸莊嚴具

或見可樂園觀村邑聚落王都或見可樂自
在帝王或見可樂阿練若處菩薩摩訶薩見
如是已脩巧方便出生无量淨妙功德樂求
實義爲衆生故而不放逸善能脩習一切善
根猶如大海難可測量具足善根不可窮盡
一切功德皆悉滿足悉不分別種種善根巧
妙方便清淨迴向示現无量諸行善根常念
一切未曾忘失衆生境界如善根平等善根

或見可樂園觀村邑聚落王都或見可樂自
在帝王或見可樂阿練若處菩薩摩訶薩見
如是已脩巧方便出生无量淨妙功德樂求
實義爲衆生故而不放逸善能脩習一切善
根猶如大海難可測量具足善根不可窮盡
一切功德皆悉滿足然不分別種種善根巧
妙方便清淨迴向示現无量諸行善根常念
一切未曾忘失衆生境界如善根平等善根

菩薩摩訶薩善根如是迴向令一切衆生志
常樂見无量諸佛如法不取法性无數衆生
平等清淨亦復如是令一切衆生悉得諸佛
隨意愛樂供給侍者令一切佛國除滅煩惱
清淨可樂令一切衆生悉得見聞无量佛法
心常愛樂常樂守護諸菩薩行樂以愛眼觀
善知識令一切衆生見可樂法令一切衆生
樂持正法令一切衆生於佛法中得可樂明

菩薩摩訶薩善根如是迴向令一切衆生志
常樂見无量諸佛如法不取法性无數衆生
平等清淨亦復如是令一切衆生悉得諸佛
隨意愛樂供給侍者令一切佛國除滅煩惱
清淨可樂令一切衆生悉得見聞无量佛法
心常愛樂常樂守護諸菩薩行樂以愛眼觀
善知識令一切衆生見可樂法令一切衆生
樂持正法令一切衆生於佛法中得可樂明

令一切菩薩悲得可樂大施之心於諸法中
得无所畏樂為衆生分別廣說得菩薩可樂
三昧諸陁羅尼得一切菩薩受記智慧得一
切菩薩甚可愛樂自在示現具足諸佛圓滿
說法得可樂方便分別說法得可樂大悲發
菩薩心諸根悅豫得可愛樂諸如來家教化
衆生心不休息得菩薩可樂无盡法藏於无
量劫一一世界化度衆生於現在佛所得可

令一切菩薩悲得可樂大施之心於諸法中
得无所畏樂為衆生分別廣說得菩薩可樂
三昧諸陁羅尼得一切菩薩受記智慧得一
切菩薩甚可愛樂自在示現具足諸佛圓滿
說法得可樂方便分別說法得可樂大悲發
菩薩心諸根悅豫得可愛樂諸如來家教化
衆生心不休息得菩薩可樂无盡法藏於无
量劫一一世界化度衆生於現在佛所得可

愛樂巧妙方便得可愛樂深妙方便无所鄣
㝵永離愚癡具足可樂平等離欲一切諸法
斷諸鄣㝵決定深解不二法界具足可樂離
欲際等一切諸法入真實際得菩薩可樂无
諍滿足之法具足可樂金剛藏心一切種智
勇猛精進清淨成滿具足可樂清淨善根攝
伏怨敵滅鄣道法具足可樂无上菩提一切
種智常現在前充滿衆生如是菩薩摩訶薩

愛樂巧妙方便得可愛樂深妙方便无所鄣
㝵永離愚癡具足可樂平等離欲一切諸法
斷諸鄣㝵決定深解不二法界具足可樂離
欲際等一切諸法入真實際得菩薩可樂无
諍滿足之法具足可樂金剛藏心一切種智
勇猛精進清淨成滿具足可樂清淨善根摧
伏怨敵滅鄣道法具足可樂无上菩提一切
種智常現在前充滿衆生如是菩薩摩訶薩

長養善根得淨慧明常為善知識之所攝護
如來慧日明照其心滅除癡闇淨脩正法入
諸智業善學智地分別法界一切善根善能
迴向一切菩薩諸善根海盡其原底成就智
慧深入堅固明解善根了達諸度菩薩摩訶
薩善根如是迴向不著世界不著衆生界心
无所依寂然不乱正念諸法具足諸佛无擇
擇智不違三世一切諸佛正迴向門不違一

晉本　華嚴經　卷第二十　第四張　十二～十九行

長養善根得淨慧明常為善知識之所攝護
如来慧日明照其心滅除癡闇淨脩正法入
諸智業善學智地分別法界一切善根能
迴向一切菩薩諸善根海盡其原底成就智
慧深入堅固明解善根了達諸度菩薩摩訶
薩善根如是迴向不著世界不著衆生界心
无所依寂然不乱正念諸法具足諸佛无礙
擇智不違三世一切諸佛正迴向門不違一

切平等正法不壞佛相等觀三世了衆生空
无所依住順如来道普照諸法解真實義漸
至諸地如實分別一切諸法智慧周滿具足
堅固未曾忘失脩習正業常樂寂靜正趣
離生了一切法猶如幻化解一切法无有自體
觀一切義及種種行於語言道而无所著所
有諸法皆從緣起觀甚深法生實智迴向
觀察寂滅一切諸法皆入一觀不違諸法種

切平等正法不壞佛相等觀三世了衆生空
无所依住順如來道普照諸法解真實義漸
至諸地如實分別一切諸法智慧周滿具足
堅固未曾忘失脩習正業常樂寂靜正趣
離生了一切法猶如幻化解一切法无有自體
觀一切義及種種行於語言道而无所著所
有諸法皆從緣起觀甚深法生實智迴向
觀察寂滅一切諸法皆入一觀不違諸法種

種異相善解迴向脩菩薩道善根迴向攝取衆
生長養三世菩薩一切迴向如是菩薩摩訶
薩以无恐怖心善根迴向一切佛法以无量
心善根迴向一切衆生皆悉清淨以无我无
我所心善根迴向於十方界无所染著以无餘
心善根迴向於一切境界世界无所染著行
離世間法善根迴向得出世法不著衆生善
根迴向見諸勝道善根迴向離虛妄法出生

種異相善解迴向脩菩薩道善根迴向攝取衆
生長養三世菩薩一切迴向如是菩薩摩訶
薩以无恐怖心善根迴向一切佛法以无量
心善根迴向一切衆生皆悉清淨以无我无
我所心善根迴向於十方界无所染著以无餘
心善根迴向於一切境界世界无所染著行
離世間法善根迴向得出世法不著衆生善
根迴向見諸勝道善根迴向離虛妄法出生

真實善根迴向如法門至一切道无量无邊
善根迴向如如善根亦尒迴向衆生解了諸
法如性如善根亦尒迴向一切法自性无有
自性如相如善根亦尒迴向一切法无相真
實相如法如善根亦尒迴向佛法不退轉如
行如善根亦尒迴向一切如来所行如境界
如善根亦尒迴向三世諸佛滿足境界如安
立如善根亦尒迴向安立一切衆生如隨順

真實善根迴向如法門至一切道无量无邊
善根迴向如如善根之尒迴向衆生觧了諸
法如性如善根之尒迴向一切法自性无有
自性如相如善根之尒迴向一切法无相真
實相如法如善根之尒迴向佛法不退轉如
行如善根之尒迴向一切如来所行如境界
如善根之尒迴向三世諸佛滿足境界如安
立如善根之尒迴向安立一切衆生如隨順

如善根亦尒迴向盡未來劫隨順不斷如量
如善根亦尒迴向衆生心與虛空等如无滿
如善根亦尒迴向一念滿一切世界如久住
如善根亦尒迴向離一切世間住住究竟住
如不生如善根亦尒迴向不生滿足一切佛
法如堅固如善根亦尒迴向壞散一切煩惱
如不壞如善根亦尒迴向一切衆生不可破
壞如明如善根亦尒迴向普照一切如一切

如善根亦尒迴向盡未來劫隨順不斷如量
如善根亦尒迴向衆生心與虛空等如无滿
如善根亦尒迴向一念滿一切世界如久住
如善根亦尒迴向離一切世間住住究竟住
如不生如善根亦尒迴向不生滿足一切佛
法如堅固如善根亦尒迴向壞散一切煩惱
如不壞如善根亦尒迴向一切衆生不可破
壞如明如善根亦尒迴向普照一切如一切

處如善根亦尒迴向至一切處道如一切時
如善根亦尒迴向隨順一切時如一切如善
根亦尒迴向一切衆生隨順清淨如一切平
等如善根亦尒迴向一切行平等如一切法
眼如善根亦尒迴向一切衆生悉得法眼如
不惓如善根亦尒迴向一切行菩薩道而无
疲惓如甚深如善根亦尒迴向一切第一深
法如无所有如善根亦尒迴向知一切无所

晉本 華嚴經 卷第二十 第五張 二十六行～第六張 七行

處如善根之尒迴向至一切處道如一切時
如善根之尒迴向隨順一切時如一切如善
根之尒迴向一切衆生隨順清淨如一切平
等如善根之尒迴向一切行平等如一切法
眼如善根之尒迴向一切衆生悉得法眼如
不惓如善根之尒迴向一切行菩薩道而无
疲惓如甚深如善根之尒迴向一切業一深
法如无所有如善根之尒迴向知一切无所

有如不出如善根悉尒迴向一切无所顯現
如離瞖如善根悉尒迴向明眼離瞖清淨如
无比如善根悉尒迴向菩薩无比之行如寂
静如善根悉尒迴向一切常樂寂静如无根
如善根悉尒迴向究竟无根之法如无量无
邊如善根悉尒迴向一切无量无邊衆生皆
悉清淨如无著如善根悉尒迴向究竟无所
著際如无导如善根悉尒迴向滅除一切鄣

有如不出如善根亦尒迴向一切无所顯現
如離瞖如善根亦尒迴向明眼離瞖清淨如
无比如善根亦尒迴向菩薩无比之行如窮
静如善根亦尒迴向一切常樂寂静如无根
如善根亦尒迴向究竟无根之法如无量无
邊如善根亦尒迴向一切无量无邊衆生皆
悉清淨如无著如善根亦尒迴向究竟无所
著際如无㝵如善根亦尒迴向滅除一切鄣

晉本 華嚴經 卷第二十 第六張 八～十五行

导如非世間行如善根亦尒迴向遠離一切
世間行法如不繫如善根亦尒迴向不繫一
切生死如无行如善根亦尒迴向遠離一切
諸行如住如善根亦尒迴向一切住於如住
如一切法成如善根亦尒迴向衆生所學成
就如一切法平等如善根亦尒迴向一切具
平等行如一切法不捨如善根亦尒迴向不
捨盡未來際一切衆生如一切法不盡如善

导如非世間行如善根亦尒迴向遠離一切
世間行法如不繫如善根亦尒迴向不繫一
切生死如无行如善根亦尒迴向遠離一切
諸行如住如善根亦尒迴向一切住於如住
如一切法成如善根亦尒迴向衆生所學成
就如一切法平等如善根亦尒迴向一切具
平等行如一切法不捨如善根亦尒迴向不
捨盡未來際一切衆生如一切法不盡如善

根亦尒迴向一切无盡衆生如不違一切法
如善根亦尒迴向一切衆生不違三世諸佛
如攝一切法如善根亦尒迴向一切衆生悉攝
善根令无有餘如一切法同如善根亦尒迴
向悉同三世諸佛如一切法不離如善根亦
尒迴向悉攝世間及離世間如不可壞如善
根亦尒迴向一切衆生不可沮壞如无恚如
善根亦尒迴向一切衆生一切魔業所不能

根然尒迴向一切无盡衆生如不違一切法
如善根然尒迴向一切衆生不違三世諸佛
如攝一切法如善根然尒迴向一切衆生悉攝
善根令无有餘如一切法同如善根亦尒迴
向悉同三世諸佛如一切法不離如善根亦
尒迴向悉攝世間及離世間如不可壞如善
根然尒迴向一切衆生不可沮壞如无恚如
善根然尒迴向一切衆生一切魔業所不能

晉本 華嚴經 卷第二十 第六張 二十四行 ~ 第七張 五行

動如不濁如善根亦尒迴向一切菩薩行无
有垢濁如不乱如善根亦尒迴向一切衆生
離諸塵乱如不可盡如善根亦尒迴向一切
世間法所不能盡如菩提如善根亦尒迴向
覺悟一切諸法如不失如善根亦尒迴向一
切衆生不失直心如照如善根亦尒迴向一
切衆生悉以大智光明普照一切如不可說
如善根亦尒迴向一切不可說智如持一切

動如不濁如善根亦尒迴向一切菩薩行无
有垢濁如不乱如善根亦尒迴向一切衆生
離諸塵乱如不可盡如善根亦尒迴向一切
世間法所不能盡如菩提如善根亦尒迴向
覺悟一切諸法如不失如善根亦尒迴向一
切衆生不失直心如照如善根亦尒迴向一
切衆生悲以大智光明普照一切如不可説
如善根亦尒迴向一切不可説智如持一切

衆生如善根亦尒迴向一切持菩薩行如隨
順一切語言如善根亦尒迴向一切无言智
慧如離一切種種法如善根亦尒迴向示現
一切佛刹及諸如来成等正覺示現无量神
力自在如離虛妄如善根亦尒迴向世間悲
離虛妄如一切身遍至如善根亦尒迴向无
量身遍一切刹如不受生如善根亦尒迴向
无生巧妙方便示現受生如无不有如善根

衆生如善根亦尒迴向一切持菩薩行如隨
順一切語言如善根亦尒迴向一切无言智
慧如離一切種種法如善根亦尒迴向示現
一切佛刹及諸如來成等正覺示現无量神
力自在如離虛妄如善根亦尒迴向世間悲
離虛妄如一切身遍至如善根亦尒迴向无
量身遍一切刹如不受生如善根亦尒迴向
无生巧妙方便示現受生如无不有如善根

然尒迴向三世一切諸佛自在神力及一切
刹在身內現如夜如善根然尒迴向一切夜
施作佛事得无上明如晝如善根然尒迴向
一切在晝衆生悉令善覺見諸如来自在神
力住不退法輪離癡清淨如半月及月如善
根然尒迴向一切衆生住一切時巧妙方便
於一念中悉能分別一切時節如年歲如善
根然尒迴向受持種種諸刼嚴淨諸根了達

亦尒迴向三世一切諸佛自在神力及一切
刹在身内現如夜如善根亦尒迴向一切夜
施作佛事得无上明如晝如善根亦尒迴向
一切在晝衆生悉令善覺見諸如来自在神
力住不退法輪離癡清淨如半月及月如善
根亦尒迴向一切衆生住一切時巧妙方便
於一念中悉能分別一切時節如年歲如善
根亦尒迴向受持種種諸劫嚴淨諸根了達

諸根如一切劫成敗如善根亦尒迴向一切
劫淨住无染一切衆生淸淨調伏衆生如未
來如善根亦尒迴向盡一切未來際修習菩
薩淸淨妙行悉能滿足无量大願如世如善
根亦尒迴向一切衆生於一念中見一切佛
乃至未曾一念遠離如至一切處道如善根
亦尒迴向一切衆生得不壞道超出三界如
有无如善根亦尒迴向一切諸有淸淨知无

諸根如一切劫成敗如善根然尒迴向一切
劫淨住无染一切衆生清淨調伏衆生如來
來如善根然尒迴向盡一切未來際脩習菩
薩清淨妙行悉能滿足无量大願如世如善
根然尒迴向一切衆生於一念中見一切佛
乃至未曾一念遠離如至一切處道如善根
然尒迴向一切衆生得不壞道超出三界如
有无如善根然尒迴向一切諸有清淨知无

所有如淨如善根悉迴向一切菩薩淨行
出生无上菩提之具如明淨如善根悉迴
向得菩薩一切三昧明淨之心如離垢如善
根悉迴向離一切垢淨心滿足如无我所
如善根悉迴向斷取无我我所清淨之心
充滿十方一切佛剎如平等如善根悉迴
向得无盡一切智永離癡愛普照一切如无
數如善根悉迴向一切智乘力住巧方便

所有如淨如善根亦尒迴向一切菩薩淨行
出生无上菩提之具如明淨如善根亦尒迴
向得菩薩一切三昧明淨之心如離垢如善
根亦尒迴向離一切垢淨心滿足如无我所
如善根亦尒迴向攝取无我我所清淨之心
充滿十方一切佛刹如平等如善根亦尒迴
向得无盡一切智永離癡愛普照一切如无
數如善根亦尒迴向一切智乘力任訶方便

法雲普覆一切世界如平等住如善根亦尒
迴向一切衆生具菩薩行住一切智如分別
一切衆生界如善根亦尒迴向一切善根現
前滿无㝵智如一切衆生語言如善根亦尒
迴向解了一切諸語言法如不離一切衆生
如善根亦尒迴向攝取一切衆生具足善根
遠離生死如廣如善根亦尒迴向受持三世
佛所說法脩習菩薩離癡之行如不休息如

法雲普覆一切世界如平等住如善根亦尒
迴向一切衆生具菩薩行住一切智如分別
一切衆生界如善根亦尒迴向一切善根現
前滿无㝵智如一切衆生語言如善根亦尒
迴向解了一切諸語言法如不離一切衆生
如善根亦尒迴向攝取一切衆生具足善根
遠離生死如廣如善根亦尒迴向受持三世
佛所說法脩習菩薩離癡之行如不休息如

善根亦尒迴向一切刼脩菩薩行未曾休息
安處衆生於摩訶衍如一切法第一如善根
亦尒迴向開淨法門无㝵淨念攝一切法如
无量讚嘆如善根亦尒迴向得无量讚嘆
智慧菩薩寶行如離熾燃如善根亦尒迴
向離熾燃法滅除衆生熾燃令得清淨如不
動如善根亦尒迴向善根安住不動滿足普
賢菩薩願行如諸佛境界如善根亦尒迴向

善根亦尒迴向一切刧脩菩薩行未曾休息
安處衆生於摩訶衍如一切法第一如善根
亦尒迴向開淨法門无㝵淨念攝一切法如
无量讃嘆如善根亦尒迴向得无量讃嘆
智慧菩薩寶行如離熾燃如善根亦尒迴
向離熾燃法滅除衆生熾燃令得清淨如不
動如善根亦尒迴向善根安住不動滿足普
賢菩薩願行如諸佛境界如善根亦尒迴向

一切衆生智慧境界皆悲滿足除滅一切煩
惱境界如不可壞如善根亦尒迴向善根一切
魔業所不能壞悲能調伏衆耶外道如非
可脩非不可脩如善根亦尒迴向離一切脩
非脩虛妄斷一切虛妄如不退如善根亦尒迴
向常見一切諸佛未曾中退脩習莊嚴菩提
之心如一切語言如善根亦尒迴向分別一
切語言如不著一切法如善根亦尒迴向一

一切衆生智慧境界皆悉滿足除滅一切煩
惱境界如不可壞如善根亦尒迴向善根一切
魔業所不能壞悲能調伏衆耶外道如非
可脩非不可脩如善根亦尒迴向離一切脩
非脩虛妄斷一切虛妄如不退如善根亦尒迴
向常見一切諸佛未曾中退脩習莊嚴菩提
之心如一切語言如善根亦尒迴向分别一
切語言如不著一切法如善根亦尒迴向一

切衆生悲无所著令一切衆生行普賢行如
一切地如善根之尒迴向一切衆生悲得道
順智慧之地普賢莊嚴如不可斷如善根之
尒迴向一切法中得无畏无斷一切語言周
滿具足能廣演說如无漏如善根之尒迴向
一切衆生皆令具足无漏善根菩提之心逮
得法智解了分別如无有覺法无有滅法如
善根之尒迴向覺悟一切諸法於一念頃皆

切衆生悲无所著令一切衆生行普賢行如
一切地如善根之尒迴向一切衆生悲得道
順智慧之地普賢莊嚴如不可斷如善根之
尒迴向一切法中得无畏无斷一切語言周
滿具足能廣演說如无漏如善根之尒迴向
一切衆生皆令具足无漏善根菩提之心遂
得法智解了分別如无有覺法无有滅法如
善根之尒迴向覺悟一切諸法於一念頃皆

悉充滿无量法界如過去非同未来非故現
在非異如善根之尒迴向發起新新菩提心
願除滅生死清淨衆生如三世中不取虚妄
如善根之尒迴向過去未来皆悉清淨現在
念念現成正覺如一切諸佛菩薩具足如善
根之尒迴向一切衆生具足佛智大願方便
如常淨无染汙如善根之尒迴向一切衆生
悉除煩惱一切種智清淨滿足菩薩摩訶薩

悉充滿无量法界如過去非同未来非故現
在非異如善根亦尒迴向發起新新菩提心
願除滅生死清淨衆生如三世中不取虛妄
如善根亦尒迴向過去未来皆悉清淨現在
念念現成正覺如一切諸佛菩薩具足如善
根亦尒迴向一切衆生具足佛智大願方便
如常淨无染汙如善根亦尒迴向一切衆生
悉除煩惱一切種智清淨滿足菩薩摩訶薩

如是迴向時等一切佛刹淨一切世界故等一
切世間轉不可壞清淨法輪故等一切菩薩出
生一切智願故等觀諸佛无有二故等觀諸法
不壞自性故等觀三世巧方便智解語言道
故一切菩薩行等所種善根悉能迴向故知
一切時隨時脩習不捨佛事故一切業報平
等不著世間出生離世善根故神力自在與
諸佛等隨順世間等現佛事故佛子是名菩

如是迴向時等一切佛剎淨一切世界故等一
切世間轉不可壞清淨法輪故等一切菩薩出
生一切智願故等觀諸佛无有二故等觀諸法
不壞自性故等觀三世巧方便智解語言道
故一切菩薩行等所種善根悉能迴向故知
一切時隨時脩習不捨佛事故一切業報平
等不著世間出生離世善根故神力自在與
諸佛等隨順世間等現佛事故佛子是名菩

薩摩訶薩第八如相迴向菩薩摩訶薩安住
此迴向得无量无邊清淨法門爲人中雄而
无所畏大師子吼成就无量无數菩薩於一
切時未曾休息得佛无量无邊滿足身一身
充滿一切世界得佛无量无邊滿足音聲發
一音聲一切衆生无不聞者得佛无量无邊
滿足力於一毛道安置一切世界得佛无量
无邊滿足自在神力置一切衆生於一微塵
得一切佛无量无邊滿足解脫於一衆生身

薩摩訶薩第八如相迴向菩薩摩訶薩安住
此迴向得无量无邊清淨法門為人中雄而
无所畏大師子吼成就无量无數菩薩於一
切時未曾休息得佛无量无邊滿足身一身
充滿一切世界得佛无量无邊滿足音聲發
一音聲一切衆生无不聞者得佛无量无邊
滿足力於一毛道安置一切世界得佛无量
无邊滿足自在神力置一切衆生於一微塵
得一切佛无量无邊滿足解脫於一衆生身

中現一切佛刹一切如来成等正覺得一切
佛无量无數際之三昧正受善方便力於一
三昧中悉能出生一切三昧得一切佛无量
无邊際之辯說一句法盡未来劫而不窮盡
悉除一切衆生疑惑得一切佛无量无邊際
之勝衆生法示現一切衆生薩婆若十力等
覺佛子是為菩薩摩訶薩以一切善根隨順
一如相迴向尒時金剛幢菩薩承佛神力普觀

中現一切佛刹一切如來成最正覺得一切
佛无量无數淵足三昧正受善方便於一
三昧中悲能出生一切三昧得一切佛无量
无邊淵足辯說一句法盡未來劫而不窮盡
悲除一切衆生疑惑得一切佛无量无邊淵
足勝衆生法示現一切衆生薩婆若十力等
覺佛子是爲菩薩摩訶薩以一切善根隨順
一如相迴向尒時金剛幢菩薩承佛神力普觀

十方以偈頌曰
菩薩心安住 離癡常正念 忍辱離惱害 修集无量德
其心无慊恨 正直常清淨 諸業莊餝世 悉能善分別
菩薩思惟業 種種无有量 饒益衆生業 修習常履行
善能順世間 普令一切喜 隨應衆生業 菩薩分別行
永離諸恚㝵 知法之知義 安住調御地 饒益一切衆
覺悟諸善法 无量不可數 悉能分別知 迴向益衆生
以此深方便 具足諸地智 滅除衆煩惱 如如善迴向
普攝一切趣 安住如實法 如是業迴向 悉令无所著

十方以偈頌曰
菩薩心安住 離癡常正念 忍辱離惱害 修集无量德
其心无慊恨 正直常清淨 諸業莊嚴世 悉能善分別
菩薩思惟業 種種无有量 若益衆生業 脩習常履行
善能順世間 普令一切喜 隨應衆生業 菩薩分別行
求離諸惡導 知法亦知義 安住調御地 饒益一切衆
覺悟諸善法 无量不可數 悉能分別知 迴向益衆生
以此深方便 具足諸地智 滅除衆煩惱 如如善迴向
普攝一切趣 安住如實法 如是業迴向 悉令无所著

深樂至處道 脩習真如法 无性无所有 明德者迴向
日夜及半月 一月年數劫 一切皆悉如 功德亦如是
如世及諸刹 衆生一切法 趣非趣如實 迴向悉无餘
如如性如實 思惟如是性 諸功德迴向 悉皆順真如
如如性如是 諸法无所有 如如離自性 智者業迴向
如諸相如實 諸生亦如是 如如自性實 諸業亦如是
如如无有量 一切業如是 无縛亦无解 諸業悉清淨
如是真佛子 安住不可動 成就智慧力 入佛方便藏
覺悟法王法 无縛亦无著 无导无轉心 亦復无所轉

深樂至處道 脩習真如法 无性无所有 明德者迴向
日夜及半月 一月年數劫 一切皆悉如 功德亦如是
如世及諸剎 衆生一切法 離非離如實 迴向悉无餘
如如性如實 思惟如是性 諸功德迴向 悉皆順真如
如如性如是 諸法无所有 如如離自性 智者業迴向
如諸相如實 諸生亦如是 如如自性實 諸業亦如是
如如无有量 一切業如是 无縛亦无解 諸業悉清淨
如是真佛子 安住不可動 成就智慧力 入佛方便藏
覺悟法王法 无縛亦无著 无异无轉心 亦復无所轉

法身所攝業　隨順衆生相　深入眞實相　相亦非是相
如是不思議　思議不可盡　深入不思議　思非思寂滅
如是思惟法　分別一切業　除滅諸煩惱　是名功德主
菩薩一切報　无盡智所印　盡法无盡性　无盡方便滅
心不在內外　心亦无所有　妄取故有法　不取則寂滅
佛子如是知　法界无自性　諸法无自在　寂勝覺无我
如如等衆生　覺法性如是　彼見不思議　无相智不惑
如是深脩習　一向求菩提　所願不退轉　饒益衆生故

法身所攝業 隨順衆生相 深入眞實相 相亦非是相
如是不思議 思議不可盡 深入不思議 思非思寂滅
如是思惟法 分別一切業 除滅諸煩惱 是名功德生
菩薩一切報 无盡智所印 盡法无盡性 无盡方便滅
心不在內外 心亦无所有 妄取故有法 不取則寂滅
佛子如是知 法空无自性 諸法无自在 寂勝覺无我
如如等衆生 覺法性如是 彼見不思議 无相智不惑
如是深循習 一向求菩提 所願不退轉 饒益衆生故

菩薩捨此身无死虛妄想　解了心如化　調伏一切衆
觀彼順正念　世間業報起　菩薩悲救護　三界无有餘
了知衆想行　皆悉是虛妄　菩薩知非實　亦不壞法性
彼如是迴向　智慧妙善根　憐愍一切衆　令入深方便
佛子何等爲菩薩摩訶薩第九无縛无著解
脫心迴向此菩薩摩訶薩於一切善根不生
輕心不輕出生死心不輕攝善根心不輕專
求一切善根心不輕悔過心不輕隨喜善根

菩薩捨此身　无死虛妄想　觧了心如化　調伏一切衆
觀彼順正念　世間業報起　菩薩悉救護　三界无有餘
了知衆想行　皆悉是虛妄　菩薩知非實　常不壞法性
彼如是迴向　智慧妙善根　憐愍一切衆　令入深方便
佛子何等為菩薩摩訶薩第九无縛无著觧
脫心迴向此菩薩摩訶薩於一切善根不生
輕心不輕出生死心不輕攝善根心不輕專
求一切善根心不輕悔過心不輕隨喜善根

心不輕礼他方佛心不輕恭敬合掌業心不
輕礼拜塔廟尊重業心不輕勸請他方諸佛
轉法輪業心菩薩摩訶薩常樂攝受彼諸善
根堅固不壞彼善根安住彼善根思惟彼善
根長養彼善根不著彼善根具足直心與彼善
根不揀擇彼善根隨順彼諸佛境界善根見彼
善根得自在力菩薩摩訶薩以无縛无著解脫
心彼善根迴向具足普賢身口意業以无縛无

心不輕礼他方佛心不輕恭敬合掌業心不
輕礼拜塔廟尊重業心不輕勸請他方諸佛
轉法輪業心菩薩摩訶薩常樂攝受彼諸善
根堅固不壞彼善根安住彼善根思惟彼善
根長養彼善根不著彼善根具正直心具彼善
根不揀擇彼善根隨順彼諸佛境界善根見彼
善根得自在力菩薩摩訶薩以无縛无著解脫
心彼善根迴向具足普賢身口意業以无縛无

著解脫心脩習普賢勇猛精進以无縛无著
解脫心具足普賢无㝵音聲陁羅尼門无斷
十方以无縛无著解脫心具足普賢得見一
切佛諸陁羅尼以无縛无著解脫心具足普
賢妙音陁羅尼分別一切音聲悉能演說无
量法雲以无縛无著解脫心得持普賢一切
劫行陁羅尼於一切世界具足脩習諸菩薩
行以无縛无著解脫心於一衆生身盡未來

著解脫心修習普賢勇猛精進以无縛无著
解脫心具足普賢无㝵音聲陁羅尼門无隙
十方以无縛无著解脫心具足普賢得見一
切佛諸陁羅尼以无縛无著解脫心具足普
賢妙音陁羅尼分別一切音聲悉能演說无
量法雲以无縛无著解脫心得持普賢一切
劫行陁羅尼於一切世界具足修習諸菩薩
行以无縛无著解脫心於一衆生身盡未来

劫示現普賢菩薩一切自在神力如一衆生
身一切衆生身亦復如是以无縛无著解脫
心悉得普賢自在神力示現現在一切諸佛
菩薩衆中脩菩薩行以无縛无著解脫心得
普賢一法門於无量无數劫示現諸佛无盡
自在悉能度脫一切衆生以无縛无著解脫
心得普賢種種法門自在於无量无數劫示
現諸佛无盡自在悉能度脫一切衆生以无

刧示現普賢菩薩一切自在神力如一衆生
身一切衆生身亦復如是以无縛无著解脫
心悉得普賢自在神力示現現在一切諸佛
菩薩衆中脩菩薩行以无縛无著解脫心得
普賢一法門於无量无數刧示現諸佛无盡
自在悉能度脫一切衆生以无縛无著解脫
心得普賢種種法門自在於无量无數刧示
現諸佛无盡自在悉能度脫一切衆生以无

有本云衆生ラ身中ナリ

縛无著觧脫心得普賢自在於念念中令无
量衆生安住十力心无猒足以无縛无著觧
脫心得普賢菩薩自在於一切衆生身皆悉
得見諸佛自在備普賢行以无縛无著觧脫
心得普賢自在於一言中悉能分別一切衆
生音聲語言調伏一切衆生安住薩婆若地
以无縛无著觧脫心得普賢自在於一衆生
身中悉能容受一切衆生彼悉自謂逮得佛

有本云衆生
身中

縛无著觧脫心得普賢自在於念念中令无
量衆生安住十力心无猒足以无縛无著觧
脫心得普賢菩薩自在於一切衆生身皆悉
得見諸佛自在脩普賢行以无縛无著觧脫
心得普賢自在於一言中悉能分别一切衆
生音聲語言調伏一切衆生安住薩婆若地
以无縛无著觧脫心得普賢自在於一衆生
身中悉能容受一切衆生彼悉自謂逮得佛

身以无縛无著解脫心得普賢自在於一華
中令一切嚴淨世界皆悉安住菩薩摩訶薩
復作是念以此无縛无著解脫心善根出生
普賢微妙音聲充滿法界十方佛刹隨其所
應皆悉得聞以此普賢无縛无著解脫心善
根如普賢於念念中見盡過去際无量无邊
世界諸佛聞所說法受持不忘莊嚴佛家以
此无縛无著解脫心善根如普賢盡未來劫

身以无縛无著解脫心得普賢自在於一華
中令一切嚴淨世界皆悉安住菩薩摩訶薩
復作是念以此无縛无著解脫心善根出生
普賢微妙音聲充滿法界十方佛刹隨其所

應皆悉得聞以此普賢无縛无著解脫心善
根如普賢於念念中見盡過去際无量无邊
世界諸佛聞所說法受持不忘莊嚴佛家以
此无縛无著解脫心善根如普賢盡未來劫

於一切世界中演說諸法皆悉究竟以此无
縛无著解脫心善根於一切世界成眾正覺
出興于世以此无縛无著解脫心善根以
一光普照虛空等一切世界修習普賢菩薩
所行以此无縛无著解脫心善根得无量无
邊智慧皆能隨順諸地神通成就普賢菩薩
所行以此无縛无著解脫心善根悉得究竟
如來智慧於一切劫說如來智諸劫悉盡而

於一切世界中演說諸法皆悉究竟以此无
縛无著解脫心善根於一切世界成等正覺
出興于世以此无縛无著解脫心善根以
一光普照虛空等一切世界脩習普賢菩薩
所行以此无縛无著解脫心善根得无量无
邊智慧皆能隨順諸地神通成就普賢菩薩
所行以此无縛无著解脫心善根悉得究竟
如來智慧於一切劫說如來智諸劫悉盡而

智无窮盡具足普賢菩薩所行以此无縛无
著解脫心善根於法界等一切如來菩薩所
行悉能脩習身口意業而无懈怠猶如普賢
以此无縛无著解脫心善根得一切佛无上
菩提義身不違法身辭辯淨地而不可壞樂
說辯才无盡之藏調伏一切衆生具普賢願
以此无縛无著解脫心善根入一一法門普
照无量不可思議世界於一切法門盡其原

智无窮盡具足普賢菩薩所行以此无縛无
著解脫心善根於法界等一切如來菩薩所
行悉能脩習身口意業而无懈怠猶如普賢
以此无縛无著解脫心善根得一切佛无上
菩提義身不違法身辭辯淨地而不可壞樂
說辯才无盡之藏調伏一切衆生具普賢願
以此无縛无著解脫心善根入一一法門普
照无量不可思議世界於一切法門盡其原

底脩習普賢菩薩所行逮得究竟薩婆若
地以此无縛无著解脫心善根於一一境界
中悉以一切種智分別了知一切種智猶无
窮盡究竟普賢莊嚴彼岸脩菩薩行具足成
就方便大王以此无縛无著解脫心善根從
此生盡未來際生具足普賢菩薩所行及一
切種智離癡法王以此无縛无著解脫心善
根得无㝵法明普照一切諸菩薩行常脩正

底脩習普賢菩薩所行逮得究竟薩婆若
地以此无縛无著解脫心善根於一境界
中悉以一切種智分別了知一切種智猶无
窮盡究竟普賢莊嚴彼岸脩菩薩行具足成
就方便大王以此无縛无著解脫心善根從
此生盡未來際生具足普賢菩薩所行及一
切種智離癡法王以此无縛无著解脫心善
根得无㝵法明普照一切諸菩薩行常脩正

業具足普賢自在方便以與无縛无著解脫
心善根悉得无量方便不可思議方便菩薩
方便一切智方便調伏菩薩方便轉无量法
輪方便不可說不可說時方便種種說法方
便无分際无畏方便說一切法无餘方便得
如是等一切隨順方便智脩習普賢菩薩所
行以與无縛无著解脫心善根具足身業令
一切衆生皆悉歡喜得菩薩不退轉清淨善

晉本　華嚴經　卷第二十　第十五張　三～十行

業具足普賢自在方便以與无縛无著解脫
心善根悉得无量方便不可思議方便菩薩
方便一切智方便調伏菩薩方便轉无量法
輪方便不可說不可說時方便種種說法方
便无分際无畏方便說一切法无餘方便得
如是等一切隨順方便智脩習普賢菩薩所
行以與无縛无著解脫心善根具足身業令
一切衆生皆悉歡喜得菩薩不退轉清淨善

根究竟安住普賢諸業以此无縛无著解脫
心善根得清淨智悉能分別衆生語言一切
口業清淨莊嚴音辭微妙言无能及脩習受
持普賢所行以此无縛无著解脫心善根悉
能分別一切佛刹一切衆生一切諸法一切
莊嚴其心清淨出生一切如來法藏究竟一
切智善能隨順普賢所行以此无縛无著解
脫心善根清淨直心得一切佛无导法身具

根究竟安住普賢諸業以此无縛无著解脫
心善根得清淨智悉能分別衆生語言一切
口業清淨莊嚴音辭微妙言无能及脩習受
持普賢所行以此无縛无著解脫心善根悉
能分別一切佛刹一切衆生一切諸法一切
莊嚴其心清淨出生一切如來法藏究竟一
切智善能隨順普賢所行以此无縛无著解
脫心善根清淨直心得一切佛无导法身具

足解脫脩如来法攝佛功德住佛境界大智
普照脩習菩薩清淨之行隨順方便悉能分
別一切法藏出生无量大乘自在悉能示現
无量无邊一切衆生无上大道具足普賢行
願迴向以此无縛无著解脫心善根得明利
根善調伏根於一切法自在根无窮盡根脩
習一切善根根一切佛境界平等根授一切
菩薩不退轉記大精進根分別一切佛法金

足解脫術如來法攝佛功德住佛境界大智
普照脩習菩薩清淨之行隨順方便悉能分
別一切法藏出生无量大乘自在悉能示現
无量无邊一切衆生无上大道具足普賢行
願迴向以此无縛无著解脫心善根得明利
根善調伏根於一切法自在根无窮盡根脩
習一切善根根一切佛境界平等根授一切
菩薩不退轉記大精進根分別一切佛法金

剛界根一切如来智慧光照金剛实根分别
一切諸根自在根令一切衆生安住一切智
根无量根淵是一切根无导清淨根平等備
習諸願根以此无縛无著解脫心善根得一
切菩薩神力住持无量身神力无量智慧境
界神力不離一處悉能示現一切佛剎神力
菩薩无导不可制持自在神力示現攝取一
切佛剎安置一處自在神力一身充滿一切

剛界根一切如來智慧光照金剛實根分別
一切諸根自在根令一切衆生安住一切智
根无量根淵是一切根无㝵清淨根平等脩
習諸願根以此无縛无著解脫心善根得一
切菩薩神力住持无量身神力无量智慧境
界神力不離一處悲能示現一切佛刹神力
菩薩无㝵不可制持自在神力示現攝取一
切佛刹安置一處自在神力一身充滿一切

佛剎自在神力菩薩无导解脫自在神力少
方便一念自在神力依无所有自在神力以
一毛悉縛无量世界悉持遊行法界等佛剎
示現衆生令得究竟妙智慧門自在神力脩
習普賢菩薩所行以此无縛无著解脫心善
根於一念頃悉能往詣无量佛剎於一身中
悉能容受无量佛剎還得甚深微妙智地善
能分別諸佛世界得无生心悉入普賢菩薩

佛刹自在神力菩薩无导解脱自在神力步
方便一念自在神力依无所有自在神力以
一毛悉縛无量世界悉持遊行法界等佛刹
示現衆生令得究竟妙智慧門自在神力脩
習普賢菩薩所行以與无結无著解脱心善
根於一念頃悉能往詣无量佛刹於一身中
悉能容受无量佛刹逮得甚深微妙智地善
能分別諸佛世界得无生心悉入普賢菩薩

法門生菩薩行以此无縛无著解脫心善根
生如來家脩菩薩行具足无量无數不思議
法无量大願皆悉成滿分別一切法界及三
世法界而无懈怠隨順普賢菩薩諸行究竟
智界以此无縛无著解脫心善根於一毛道
分別无量无數佛刹悉能苞容一切法界究
竟空界如一毛道一切法界虛空界等一切
毛道亦復如是以普賢菩薩清淨法門開智

法門生菩薩行以此无縛无著解脫心善根
生如來家脩菩薩行具足无量无數不思議
法无量大願皆悉成滿分別一切法界及三
世法界而无懈怠隨順普賢菩薩諸行究竟
智界以此无縛无著解脫心善根於一毛道
分別无量无數佛剎悉能包容一切法界究
竟空界如一毛道一切法界虛空界等一切
毛道亦復如是以普賢菩薩清淨法門開智

慧眼以此无縛无著解脫心善根能以无量
无數阿僧祇劫以爲一念能以一切衆生諸
念以爲一念此諸方便皆由普賢菩薩深心
究竟以此无縛无著解脫心善根於一身內
悉能容受无量諸身如一身一切身亦復如
是具足普賢菩薩迴向以此无縛无著解脫
心善根悉入一切諸佛境界常見諸佛虛空
界等清淨法身相好莊嚴神力自在梵音微

慧眼以此无縛无著解脫心善根能以无量
无數阿僧祇劫以為一念能以一切衆生諸
念以為一念此諸方便皆由普賢菩薩深心
究竟以此无縛无著解脫心善根於一身内
悉能容受无量諸身如一身一切身亦復如
是具足普賢菩薩迴向以此无縛无著解脫
心善根悉入一切諸佛境界常見諸佛虛空
界等清淨法身相好莊嚴神力自在梵音微

妙具足廣說无㝵正法聞彼佛法悉能受持
於彼佛身了无所有悉得普賢菩薩无量大
願永離衆生心想見倒以此无縛无著解脫
心善根入一切世界入憣覆世界入伏世界
於一念中悉能遍入十方世界一切佛刹分
別因那網世界分別一切平等法界令離世
界悉為一形无量種種世界无量方便入深
法界皆如虛空而亦不壞世界之性修普賢

妙具足廣說无导正法聞彼佛法悉能受持
於彼佛身了无所有悉得普賢菩薩无量大
願永離衆生心想見倒以此无縛无著解脫
心善根入一切世界入惱覆世界入伏世界
於一念中悉能遍入十方世界一切佛刹分
別因那網世界分別一切平等法界令雜世
界悉為一形无量種種世界无量方便入深
法界皆如虛空而亦不壞世界之性脩普賢

行住菩薩地以此无縛无著解脫心善根迴
能分别一切諸想衆生想法想佛刹想方想
佛想世想業想行想解脫想根想時想受持
想煩惱想清淨想成就想見諸佛想轉法輪
想聞法解想調伏想種種方便出生想種種
地想入菩薩想修習菩薩功德想菩薩三昧
正受想菩薩三昧起想菩薩境界想劫成壞
想明想闇想晝想夜想半月一月年歲時變

行住菩薩地以此无縛无著解脫心善根迴
能分別一切諸想衆生想法想佛刹想方想
佛想世想業想行想解脫想根想時想受持
想煩惱想清淨想成就想見諸佛想轉法輪
想聞法解想調伏想種種方便出生想種種
地想入菩薩想修習菩薩切德想菩薩三昧
正受想菩薩三昧起想菩薩境界想劫成壞
想明想闇想晝想夜想半月一月年歲時變

想去想来想坐想立想覺想睡想如是等一
切諸想於一念中悉能了知心无虚妄悉離
諸想心无所著遠離鄣㝵一切如来智慧无
滿一切佛法長養善根以一切佛身以勲其
身常為諸佛之所攝取於白淨法未曾退失
善能脩學等正覺法究竟彼岸脩行諸佛普
賢所行具足諸願受如来記於一念中得入
方便地究竟智滿足安住以此无縛无著解

晉本　華嚴經　卷第二十　第十七張　二十三行～第十八張　四行

想去想來想坐想立想覺想睡想如是等一
切諸想於一念中悉能了知心无虛妄悉離
諸想心无所著遠離鄣㝵一切如來智慧充
滿一切佛法長養善根以一切佛身以勲其
身常為諸佛之所攝取於白淨法未曾退失
善能脩學等正覺法究竟彼岸脩行諸佛菩
薩所行具足諸願受如來記於一念中得入
方便地究竟智滿足安住以與无縛无著解

脫心善根以一一心觀无量心離諸虛妄而
无所依心不一故所行各異業相不同令一
切衆生勇猛精進出生普賢智慧之寶猶如
普賢以此无縛无著解脫心善根於一處悉
能分別无量諸處如一處一切處亦復如是
悉使究知滿足普賢大願智寶

大方廣佛華嚴經卷第二十

晉本 華嚴經 卷第二十 第十八張 五～十二行

脫心善根以一一心觀无量心離諸虛妄而
无所依心不一故所行各異業相不同令一
切衆生勇猛精進出生普賢智慧之寶猶如
普賢以此无縛无著解脫心善根於一處悉
能分別无量諸處如一處一切處亦復如是
悉使之知滿足普賢大願智寶
大方廣佛華嚴經卷第二十

晉本 華嚴經 卷第二十 第十八張 五～十二行

晉本 華嚴經 卷第二十 第一張 一行

七
相迴向佛
不動離

晉本 華嚴經 卷第二十 第一張 十五行

晉本　華嚴經　卷第二十　第一張　十五行

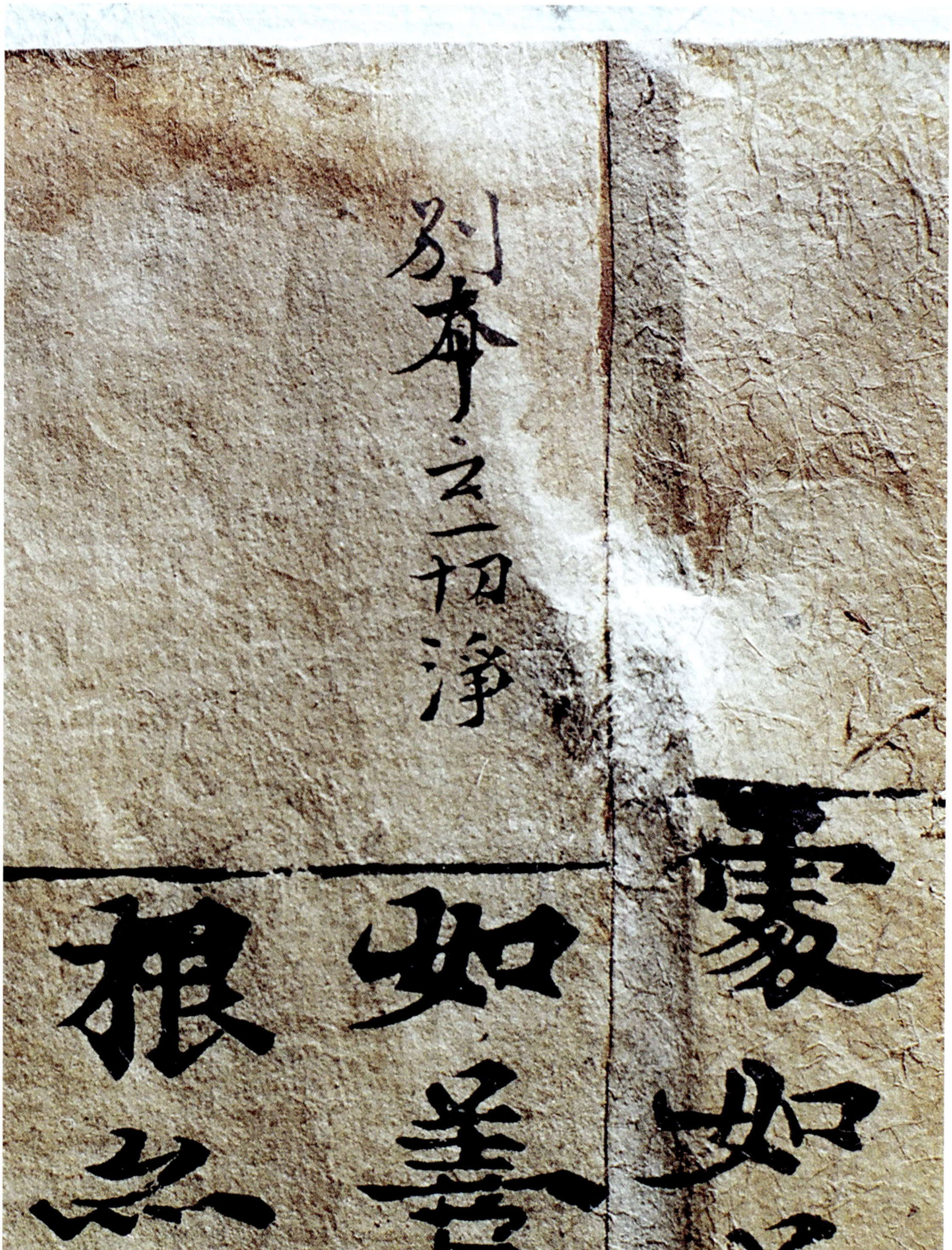

晉本 華嚴經 卷第二十 第六張 一行

晉本 華嚴經 卷第二十 第六張 一行

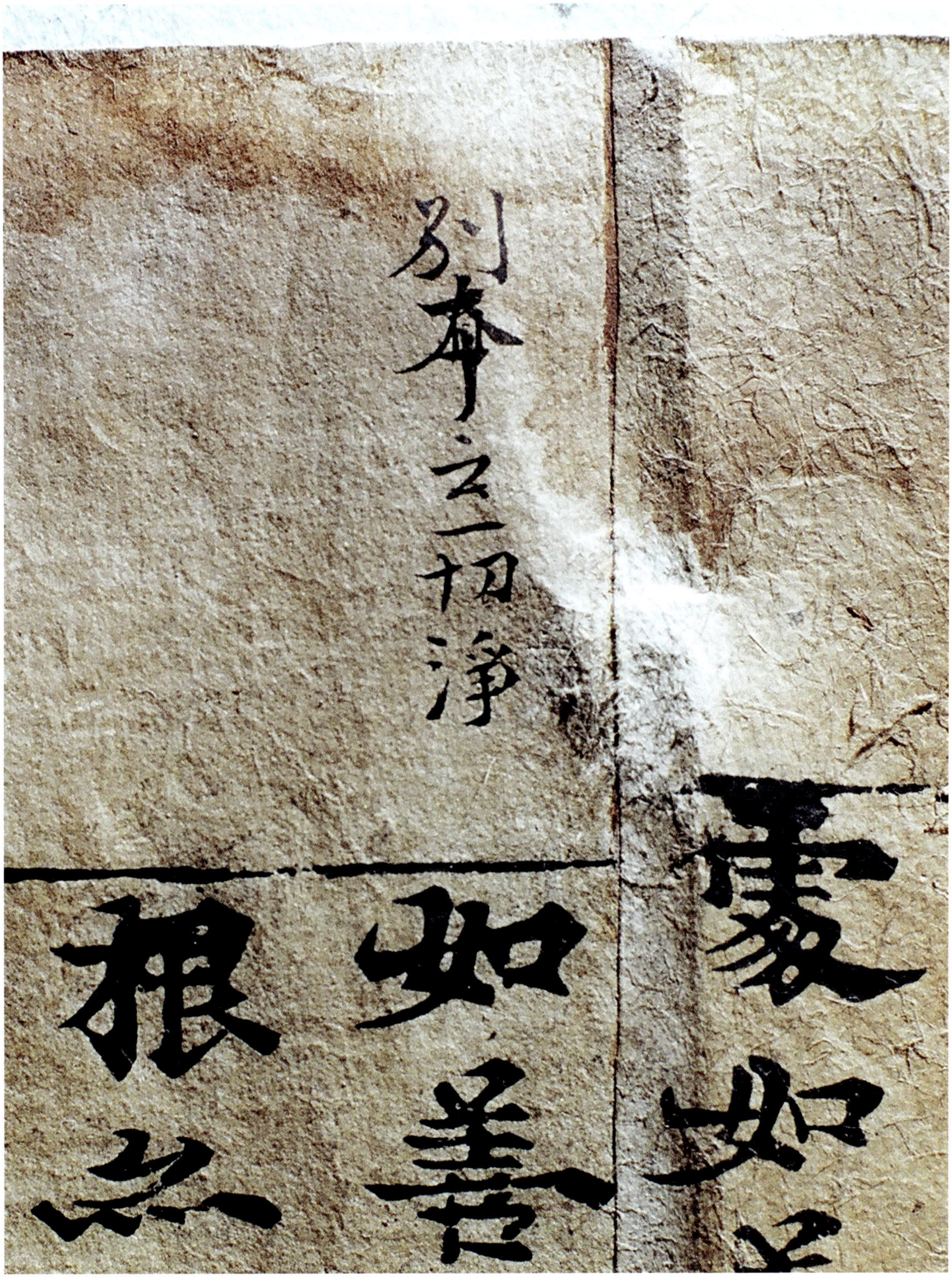

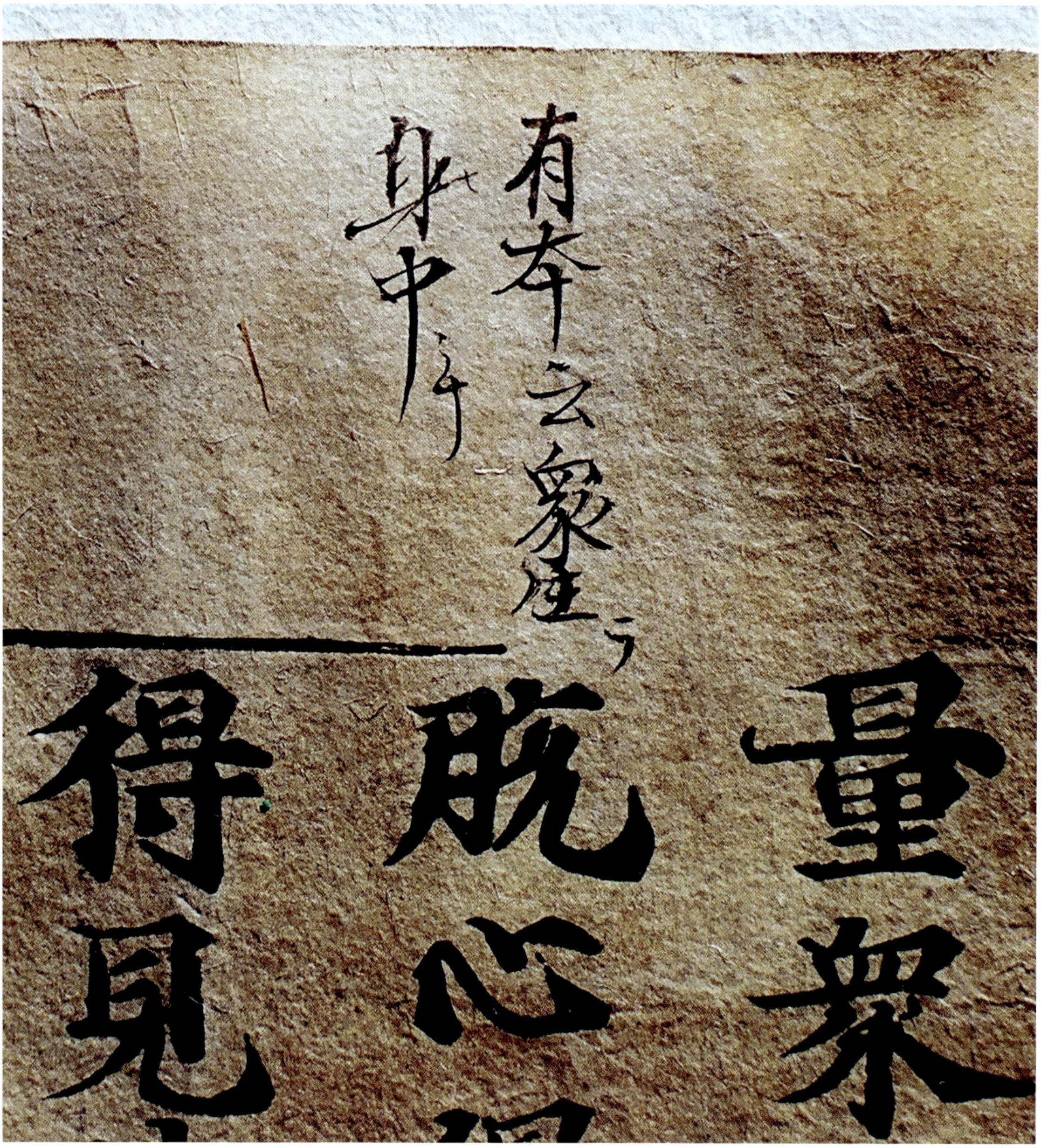

晉本 華嚴經 卷第二十 第十三張 十七行

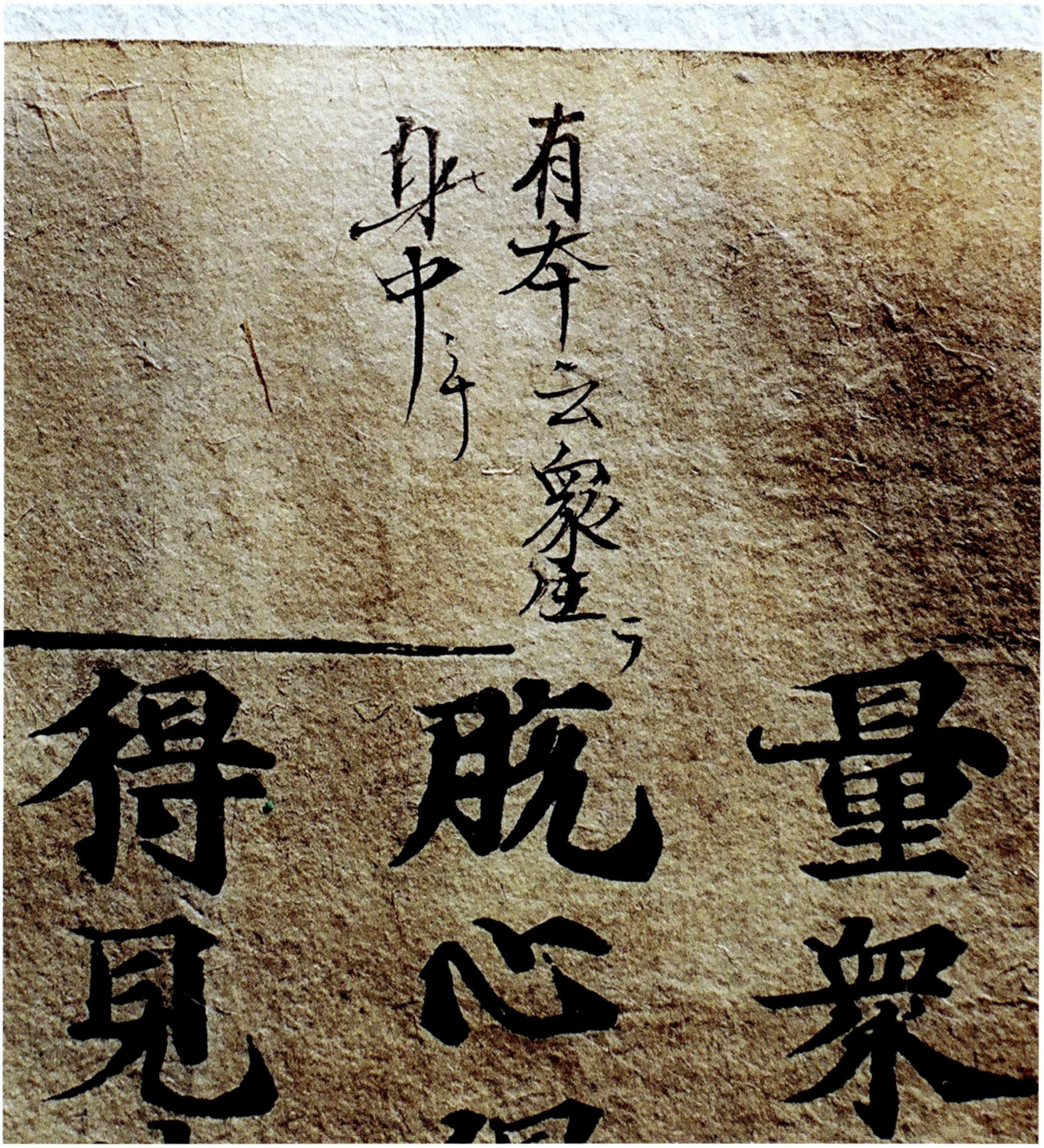

晉本　華嚴經　卷第二十　第十三張　十七行

周本 華嚴經 卷第二十二

— 誠庵古書博物館 所藏 —

尼寶百萬億因陀羅摩尼寶光明照耀百萬
億天堅固摩尼寶以爲窻牖百萬億清淨功
德摩尼寶彰施妙色百萬億清淨妙藏寶以
爲門闥百萬億世中最勝半月寶百萬億離
垢藏摩尼寶百萬億師子面摩尼寶間錯莊
嚴百萬億心王摩尼寶所求如意百萬億閻
浮檀摩尼寶百萬億清淨藏摩尼寶百萬億
帝幢摩尼寶咸放光明彌覆其上百萬億白
銀藏摩尼寶百萬億須彌幢摩尼寶莊嚴其

尼寶百萬億因陀羅摩尼寶光明照耀百萬
億天堅固摩尼寶以爲窻牖百萬億清淨功
德摩尼寶彰施妙色百萬億清淨妙藏寶以
爲門闥百萬億世中最勝半月寶百萬億離
垢藏摩尼寶百萬億師子面摩尼寶間錯莊
嚴百萬億心王摩尼寶所求如意百萬億閻
浮檀摩尼寶百萬億清淨藏摩尼寶百萬億
帝幢摩尼寶咸放光明彌覆其上百萬億白
銀藏摩尼寶百萬億須彌幢摩尼寶莊嚴其

周本 華嚴經 卷第二十二 第二張 十六～二十四行

藏百萬億眞珠瓔珞百萬億瑠璃瓔珞百萬
億赤色寶瓔珞百萬億摩尼瓔珞百萬億寶
光明瓔珞百萬億種種藏摩尼瓔珞百萬億
甚可樂見赤眞珠瓔珞百萬億無邊色相藏
摩尼寶瓔珞百萬億極清淨無比寶瓔珞百
萬億勝光明摩尼寶瓔珞周帀垂布以爲莊
嚴百萬億摩尼身殊妙嚴飾百萬億因陀羅
妙色寶百萬億黑栴檀香百萬億不思議境
界香百萬億十方妙香百萬億最勝香百萬

藏百萬億眞珠瓔珞百萬億瑠璃瓔珞百萬
億赤色寶瓔珞百萬億摩尼瓔珞百萬億寶
光明瓔珞百萬億種種藏摩尼瓔珞百萬億
甚可樂見赤眞珠瓔珞百萬億無邊色相藏
摩尼寶瓔珞百萬億極清淨無比寶瓔珞百
萬億勝光明摩尼寶瓔珞周帀垂布以爲莊
嚴百萬億摩尼身殊妙嚴飾百萬億因陀羅
妙色寶百萬億黑栴檀香百萬億不思議境

妙色寶百萬億黑栴檀香百萬億天[illegible]諸境
界香百萬億十方妙香百萬億最勝香百萬
億甚可愛樂香咸發香氣普熏十方百萬億
頻婆羅香普散十方百萬億淨光香普熏眾
生百萬億無邊際種種色香普熏一切諸佛
國土永不歇滅百萬億塗香百萬億熏香百
萬億燒香香氣發越普熏一切百萬億蓮華
藏沈水香出大音聲百萬億遊戲香能轉眾
心百萬億阿樓那香香氣普熏其味甘美百
萬億能開悟香普遍一切令其聞者諸根寂

妙色寶百萬億異林樹香百萬億天[illegible]說場
界香百萬億十方妙香百萬億最勝香百萬
億甚可愛樂香咸發香氣普熏十方百萬億
頻婆羅香普散十方百萬億淨光香普熏衆
生百萬億無邊際種種色香普熏一切諸佛
國土永不歇滅百萬億塗香百萬億熏香百
萬億燒香香氣發越普熏一切百萬億蓮華
藏沈水香出大音聲百萬億遊戲香能轉衆
心百萬億阿樓那香香氣普熏其味甘美百
萬億能開悟香普徧一切令其聞者諸根寂

心百萬億阿樓那香香氣普熏其味甘美百
萬億能開悟香普徧一切令其聞者諸根寂
靜復有百萬億無比香王香種種莊嚴雨百
萬億天華雲雨百萬億天香雲雨百萬億天
末香雲雨百萬億天拘蘇摩華雲雨百萬億
天波頭摩華雲雨百萬億天優鉢羅華雲雨
百萬億天拘物頭華雲雨百萬億天芬陀利
華雲雨百萬億天曼陀羅華雲雨百萬億一
切天華雲雨百萬億天衣雲雨百萬億摩尼

心百萬億阿樓那香香氣普熏其味甘美百
萬億能開悟香普徧一切令其聞者諸根寂
靜復有百萬億無比香王香種種莊嚴雨百
萬億天華雲雨百萬億天香雲雨百萬億天
末香雲雨百萬億天拘蘇摩華雲雨百萬億
天波頭摩華雲雨百萬億天優鉢羅華雲雨
百萬億天拘物頭華雲雨百萬億天芬陀利
華雲雨百萬億天曼陀羅華雲雨百萬億一
切天華雲雨百萬億天衣雲雨百萬億摩尼

寶雲雨百萬億天蓋雲雨百萬億天幡雲雨
百萬億天冠雲雨百萬億天莊嚴具雲雨百
萬億天寶鬘雲雨百萬億天寶瓔珞雲雨百
萬億天栴檀香雲雨百萬億天沈水香雲建
百萬億寶幢懸百萬億寶幡垂百萬億寶繒
帶然百萬億香爐布百萬億寶鬘持百萬億
寶扇執百萬億寶拂懸百萬億寶鈴網微風
吹動出妙音聲百萬億寶欄楯周帀圍遶百

寶雲雨百萬億天蓋雲雨百萬億天幡雲雨
百萬億天冠雲雨百萬億天莊嚴具雲雨百
萬億天寶鬘雲雨百萬億天寶瓔珞雲雨百
萬億天栴檀香雲雨百萬億天沈水香雲建
百萬億寶幢懸百萬億寶幡垂百萬億寶繒
帶然百萬億香爐布百萬億寶鬘持百萬億
寶扇執百萬億寶拂懸百萬億寶鈴網微風
吹動出妙音聲百萬億寶欄楯周帀圍遶百

吹動出妙音聲[illegible]
萬億寶多羅樹次第行列百萬億妙寶窻牖
綺嚴莊嚴百萬億寶樹周帀垂陰百萬億寶
樓閣延袤綺飾百萬億寶門垂布瓔珞百萬
億金鈴出妙音聲百萬億吉祥相瓔珞嚴淨
垂下百萬億寶悉底迦能除衆惡百萬億金
藏金縷織成百萬億寶蓋衆寶爲竿執持行
列百萬億一切寶莊嚴具網間錯莊嚴百萬
億光明寶放種種光百萬億光明周徧照耀
百萬億日藏輪百萬億月藏輪並無量色寶

萬億寶多羅樹次第行列百萬億妙寶窗牖
綺飾莊嚴百萬億寶樹周帀垂陰百萬億寶
樓閣延袤綺飾百萬億寶門垂布瓔珞百萬
億金鈴出妙音聲百萬億吉祥相瓔珞嚴淨
垂下百萬億寶悉底迦能除衆惡百萬億金
藏金縷織成百萬億寶蓋衆寶爲竿執持行
列百萬億一切寶莊嚴具網間錯莊嚴百萬
億光明寶放種種光百萬億光明周徧照耀
百萬億日藏輪百萬億月藏輪並無量色寶

周本 華嚴經 卷第二十二 第四張 十七～二十四行

百萬億白幟輪百萬億月幟輪並無量色寶
之所集成百萬億香焰光明映徹百萬億蓮
華藏開敷鮮榮百萬億寶網百萬億華網百
萬億香網彌覆其上百萬億天寶衣百萬億
天青色衣百萬億天黃色衣百萬億天赤色
衣百萬億天奇妙色衣百萬億天種種寶奇
妙衣百萬億種種香熏衣百萬億一切寶所
成衣百萬億鮮白衣悉善敷布見者歡喜百

百萬億日藏輪百萬億月藏輪並無量色寶
之所集成百萬億香燄光明映徹百萬億蓮
華藏開敷鮮榮百萬億寶網百萬億華網百
萬億香網彌覆其上百萬億天寶衣百萬億
天青色衣百萬億天黃色衣百萬億天赤色
衣百萬億天奇妙色衣百萬億天種種寶奇
妙衣百萬億種種香熏衣百萬億一切寶所
成衣百萬億鮮白衣悉善敷布見者歡喜百

萬億天鈴幢百萬億金網幢出微妙音百萬
億天繒幢衆彩具足百萬億香幢垂布香網
百萬億華幢雨一切華百萬億天衣幢懸布
妙衣百萬億天摩尼寶幢衆寶莊嚴百萬億
天莊嚴具幢衆具校飾百萬億天鬘幢種種
華鬘四面行布百萬億天蓋幢寶鈴和鳴聞
皆歡喜百萬億天樂出妙音聲百萬億天鼓
出大音聲百萬億天箜篌出微妙音百萬億

萬億天鈴幢百萬億金網幢出微妙音百萬
億天繒幢衆彩具足百萬億香幢垂布香網
百萬億華幢雨一切華百萬億天衣幢懸布
妙衣百萬億天摩尼寶幢衆寶莊嚴百萬億
天莊嚴具幢衆具校飾百萬億天鬘幢種種
華鬘四面行布百萬億天蓋幢寶鈴和鳴聞
皆歡喜百萬億天螺出妙音聲百萬億天鼓
出大音聲百萬億天箜篌出微妙音百萬億

天伞陁羅出大妙音百萬億天諸雜樂同時
俱奏百萬億天自在樂出妙音聲其聲徧
一切佛刹百萬億天變化樂其聲如響普應
一切百萬億天鼓因於撫擊而出妙音百萬
億天如意樂自然出聲音節相和百萬億天
諸雜樂出妙音聲滅諸煩惱百萬億悅意音
讃歎供養百萬億廣大音讃歎承事百萬億
甚深音讃歎修行百萬億衆妙音歎佛業果
百萬億微細音歎如實理百萬億無障礙

天伞陀羅出大妙音百萬億天諸雜樂同時
俱奏百萬億天自在樂出妙音聲其聲徧
一切佛刹百萬億天變化樂其聲如響普應
一切百萬億天鼓因於撫擊而出妙音百萬
億天如意樂自然出聲音節相和百萬億天
諸雜樂出妙音聲滅諸煩惱百萬億悅意音
讚歎供養百萬億廣大音讚歎承事百萬億
甚深音讚歎修行百萬億衆妙音歎佛業果

百萬億微細音歎如實理百萬億無障礙眞
實音歎佛本行百萬億清淨音讚歎過去供
養諸佛百萬億法門音讚歎諸佛最勝無畏
百萬億無量音歎諸菩薩功德無盡百萬億
菩薩地音讚歎開示一切菩薩地相應行百
萬億無斷絕音歎佛功德無有斷絕百萬億
隨順音讚歎偁揚見佛之行百萬億甚深法
音讚歎一切法無礙智相應理百萬億廣大

周經第二十二

百萬億微細音歎如實理百萬億無障礙眞
實音歎佛本行百萬億清淨音讚歎過去供
養諸佛百萬億法門音讚歎諸佛最勝無畏
百萬億無量音歎諸菩薩功德無盡百萬億
菩薩地音讚歎開示一切菩薩地相應行百
萬億無斷絕音歎佛功德無有斷絕百萬億
隨順音讚歎偁揚見佛之行百萬億甚深法
音讚歎一切法無礙智相應理百萬億廣大

周經第二十二

音其音充滿一切佛刹百萬億無礙清淨音
隨其心樂悉令歡喜百萬億不住三界音令
其聞者深入法性百萬億歡喜音令其聞者
心無障礙深信恭敬百萬億佛境界音隨所
出聲悉能開示一切法義百萬億陀羅尼音
善宣一切法句差別決了如來祕密之藏百
萬億一切法音其音和暢克諧衆樂有百萬
億初發心菩薩纔見此座倍更增長一切智
心百萬億治地菩薩心淨歡喜百萬億修行

周經第二十二　六幅

音其音充滿一切佛刹百萬億無礙清淨音
隨其心樂悉令歡喜百萬億不住三界音令
其聞者深入法性百萬億歡喜音令其聞者
心無障礙深信恭敬百萬億佛境界音隨所
出聲悉能開示一切法義百萬億陀羅尼音
善宣一切法句差別決了如來祕密之藏百
萬億一切法音其音和暢克諧衆樂有百萬
億初發心菩薩纔見此座倍更增長一切智
心百萬億住地菩薩心淨歡喜百萬億修行

億初發心菩薩纔見此座倍更增長一切智
心百萬億治地菩薩心淨歡喜百萬億修行
菩薩悟解清淨百萬億生貴菩薩住勝志樂
百萬億方便具足菩薩起大乘行百萬億正
心住菩薩勤修一切菩薩道百萬億不退菩
薩淨修一切菩薩地百萬億童眞菩薩得一
切菩薩三昧光明百萬億法王子菩薩入不
思議諸佛境界百萬億灌頂菩薩能現無量
如來十力百萬億菩薩得自在神通百萬億
菩薩生淨解百萬億菩薩心生愛樂百萬

億初發心菩薩緣見此座億更增長一切智
心百萬億治地菩薩心淨歡喜百萬億修行
菩薩悟解清淨百萬億生貴菩薩住勝志樂
百萬億方便具足菩薩起大乘行百萬億正
心住菩薩勤修一切菩薩道百萬億不退菩
薩淨修一切菩薩地百萬億童眞菩薩得一
切菩薩三昧光明百萬億法王子菩薩入不
思議諸佛境界百萬億灌頂菩薩能現無量
如來十力百萬億菩薩得自在神通百萬億
菩薩生清淨解百萬億菩薩心生愛樂百萬

菩薩生清淨解百萬億菩薩心生愛樂百萬
億菩薩深信不壞百萬億菩薩勢力廣大百
萬億菩薩名稱增長百萬億菩薩演說法義
令智決定百萬億菩薩正念不亂百萬億菩
薩生決定智百萬億菩薩得聞持力持一切
佛法百萬億菩薩出生無量廣大覺解百萬
億菩薩安住信根百萬億菩薩得檀波羅蜜
能一切施百萬億菩薩得尸波羅蜜具持衆

菩薩生清淨解百萬億菩薩心生愛樂百萬
億菩薩深信不壞百萬億菩薩勢力廣大百
萬億菩薩名稱增長百萬億菩薩演說法義
令智決定百萬億菩薩正念不亂百萬億菩
薩生決定智百萬億菩薩得聞持力持一切
佛法百萬億菩薩出生無量廣大覺解百萬
億菩薩安住信根百萬億菩薩得檀波羅蜜
能一切施百萬億菩薩得尸波羅蜜具持衆

戒百萬億菩薩得忍波羅蜜心不妄動悉能
忍受一切佛法百萬億菩薩得精進波羅蜜
能行無量出離精進百萬億菩薩得禪波羅
蜜具足無量禪定光明百萬億菩薩得般若
波羅蜜智慧光明能普照耀百萬億菩薩成
就大願悉皆清淨百萬億菩薩得智慧燈明
照法門百萬億菩薩爲十方諸佛法光所照
百萬億菩薩周徧十方演離癡法百萬億菩

戒百萬億菩薩得忍波羅蜜心不妄動悉能
忍受一切佛法百萬億菩薩得精進波羅蜜
能行無量出離精進百萬億菩薩得禪波羅
蜜具足無量禪定光明百萬億菩薩得般若
波羅蜜智慧光明能普照耀百萬億菩薩成
就大願悉皆清淨百萬億菩薩得智慧燈明
照法門百萬億菩薩爲十方諸佛法光所照
百萬億菩薩周徧十方演離癡法百萬億菩

百萬億菩薩所行一切淨離染汚百萬億菩
薩普入一切諸佛刹土百萬億菩薩法身隨
到一切佛國百萬億菩薩得佛音聲能廣開
悟百萬億菩薩得出生一切智方便百萬億
菩薩得成就一切法門百萬億菩薩成就法
智猶如寶幢能普顯示一切佛法百萬億菩
薩能悉示現如來境界百萬億諸天王恭敬
禮拜百萬億龍王諦觀無厭百萬億夜叉王
頂上合掌百萬億乾闥婆王起淨信心百萬

[illegible]
薩普入一切諸佛剎土百萬億菩薩法身隨
到一切佛國百萬億菩薩得佛音聲能廣開
悟百萬億菩薩得出生一切智方便百萬億
菩薩得成就一切法門百萬億菩薩成就法
智猶如寶幢能普顯示一切佛法百萬億菩
薩能悉示現如來境界百萬億諸天王恭敬
禮拜百萬億龍王諦觀無厭百萬億夜叉王
頂上合掌百萬億乾闥婆王起淨信心百萬
[illegible]

億阿脩羅王斷憍慢意百萬億迦樓羅王口
銜繒帶百萬億緊那羅王歡喜踊躍百萬億
摩睺羅伽王歡喜瞻仰百萬億世主稽首作
禮百萬億忉利天王瞻仰不瞬百萬億夜摩
天王歡喜讚歎百萬億兜率天王布身作禮
百萬億化樂天王頭頂禮敬百萬億他化天
王恭敬合掌百萬億梵天王一心觀察百萬
億摩醯首羅天王恭敬供養百萬億菩薩發

億阿脩羅王斷憍慢意百萬億迦樓羅王口
銜繒帶百萬億緊那羅王歡喜踊躍百萬億
摩睺羅伽王歡喜瞻仰百萬億世主稽首作
禮百萬億忉利天王瞻仰不瞬百萬億夜摩
天王歡喜讚歎百萬億兜率天王布身作禮
百萬億化樂天王頭頂禮敬百萬億他化天
王恭敬合掌百萬億梵天王一心觀察百萬
億摩醯首羅天王恭敬供養百萬億菩薩發

聲讚歎百萬億天女專心供養百萬億同願
天踊躍歡喜百萬億往昔同住天妙聲偁讚
百萬億梵身天布身敬禮百萬億梵輔天合
掌於頂百萬億梵衆天圍遶侍衛百萬億大
梵天讚歎偁揚無量功德百萬億光天五體
投地百萬億少光天宣揚讚歎佛世難值百
萬億無量光天遙向佛禮百萬億光音天讚
歎如來甚難得見百萬億淨天與宮殿俱而
來詣此百萬億少淨天以清淨心

聲讚歎百萬億天女專心供養百萬億同願
天踊躍歡喜百萬億往昔同住天妙聲偁讚
百萬億梵身天布身敬禮百萬億梵輔天合
掌於頂百萬億梵衆天圍遶侍衛百萬億大
梵天讚歎偁揚無量功德百萬億光天五體
投地百萬億少光天宣揚讚歎佛世難値百
萬億無量光天遙向佛禮百萬億光音天讚
歎如來甚難得見百萬億淨天與宮殿俱而

來詣此百萬億少淨天以清淨心稽首作禮百萬億無量淨天願欲見佛投身而下百萬億徧淨天恭敬尊重親近供養百萬億廣天念昔善根百萬億少廣天於如來所生希有想百萬億無量廣天決定尊重生諸善業百萬億廣果天曲躬恭敬百萬億無煩天信根堅固恭敬禮拜百萬億無熱天合掌念佛情無猒足百萬億善見天頭面作禮百萬億善

來詣此百萬億少淨天以清淨心稽首作禮
百萬億無量淨天願欲見佛投身而下百萬
億徧淨天恭敬尊重親近供養百萬億廣天
念昔善根百萬億少廣天於如來所生希有
想百萬億無量廣天決定尊重生諸善業百
萬億廣果天曲躬恭敬百萬億無煩天信根
堅固恭敬禮拜百萬億無熱天合掌念佛情
無厭足百萬億善見天頭面作禮百萬億善

現天念供養佛心 無懈歇百萬億阿迦尼吒
天恭敬頂禮百萬億種種天皆大歡喜發聲
讚歎百萬億諸天各善思惟而為莊嚴百萬
億菩薩天護持佛座莊嚴不絕百萬億華手
菩薩雨一切華百萬億香手菩薩雨一切香
百萬億鬘手菩薩雨一切鬘百萬億末香手
菩薩雨一切末香百萬億塗香手菩薩雨一
切塗香百萬億衣手菩薩雨一切衣百萬億

現天念供養佛心無懈歇百萬億阿迦尼吒
天恭敬頂禮百萬億種種天皆大歡喜發聲
讚歎百萬億諸天各善思惟而爲莊嚴百萬
億菩薩天護持佛座莊嚴不絕百萬億華手
菩薩雨一切華百萬億香手菩薩雨一切香
百萬億鬘手菩薩雨一切鬘百萬億末香手
菩薩雨一切末香百萬億塗香手菩薩雨一
切塗香百萬億衣手菩薩雨一切衣百萬億

百萬億菩薩深心清淨百萬億菩薩信解清
淨百萬億菩薩諸業清淨百萬億菩薩受生
自在百萬億菩薩法光照耀百萬億菩薩成
就於地百萬億菩薩善能教化一切衆生百
萬億善根所生百萬億諸佛護持百萬億福
德所圓滿百萬億殊勝心所清淨百萬億大
願所嚴潔百萬億善行所生起百萬億善法
所堅固百萬億神力所示現百萬億功德所

現天念供養佛心無懈歇百萬億向迦尼吒
天恭敬頂禮百萬億種種天皆大歡喜發聲
讚歎百萬億諸天各善思惟而為莊嚴百萬
億菩薩天護持佛座莊嚴不絕百萬億華手
菩薩雨一切華百萬億香手菩薩雨一切香
百萬億鬘手菩薩雨一切鬘百萬億末香手
菩薩雨一切末香百萬億塗香手菩薩雨一
切塗香百萬億衣手菩薩雨一切衣百萬億

蓋手菩薩雨一切蓋百萬億幢手菩薩雨一
切幢百萬億幡手菩薩雨一切幡百萬億寶
手菩薩雨一切寶百萬億莊嚴手菩薩雨一
切莊嚴具百萬億諸天子從天宮出至於座
所百萬億諸天子以淨信心并宮殿俱百萬
億生貴天子以身持座百萬億灌頂天子舉
身持座百萬億思惟菩薩恭敬思惟百萬億
生貴菩薩發淸淨心百萬億菩薩諸根悅樂

切塗香百萬億衣手菩薩雨一切衣百萬億
蓋手菩薩雨一切蓋百萬億幢手菩薩雨一
切幢百萬億幡手菩薩雨一切幡百萬億寶
手菩薩雨一切寶百萬億莊嚴手菩薩雨一
切莊嚴具百萬億諸天子從天宮出至於座
所百萬億諸天子以淨信心弃宮殿俱百萬
億生貴天子以身持座百萬億灌頂天子舉
身持座百萬億思惟菩薩恭敬思惟百萬億
生貴菩薩發淸淨心百萬億菩薩諸根悅樂
百萬億菩薩深心淸淨百萬億菩薩信解淸

周本 華嚴經 卷第二十二 第九張 一～八行

百萬億菩薩深心清淨百萬億菩薩信解清
淨百萬億菩薩諸業清淨百萬億菩薩受生
自在百萬億菩薩法光照耀百萬億菩薩成
就於地百萬億菩薩善能教化一切衆生百
萬億善根所生百萬億諸佛護持百萬億福
德所圓滿百萬億殊勝心所清淨百萬億大
願所嚴潔百萬億善行所生起百萬億善法
所堅固百萬億神力所示現百萬億功德所

百萬億菩薩深心淸淨百萬億菩薩信解淸
淨百萬億菩薩諸業淸淨百萬億菩薩受生
自在百萬億菩薩法光照耀百萬億菩薩成
就於地百萬億菩薩善能敎化一切衆生百
萬億善根所生百萬億諸佛護持百萬億福
德所圓滿百萬億殊勝心所淸淨百萬億大
願所嚴潔百萬億善行所生起百萬億善法
所堅固百萬億神力所示現百萬億功德所

所堅固百萬億神力所示現百萬億功德所
成就百萬億讚歎法而以讚歎如此世界兜
率天王奉爲如來敷置高座一切世界兜率
天王悉爲於佛如是敷座如是莊嚴如是儀
則如是信樂如是心淨如是欣樂如是喜悅
如是尊重如是而生希有之想如是踊躍如
是渴仰悉皆同等
爾時兜率天王爲如來敷置座已心生尊重
與十萬億阿僧祇兜率天子奉迎如來以清

成就百萬億讚歎法而以讚歎如此世界兜
率天王奉爲如來敷置高座一切世界兜率
天王悉爲於佛如是敷座如是莊嚴如是儀
則如是信樂如是心淨如是欣樂如是喜悅
如是尊重如是而生希有之想如是踊躍如
是渴仰悉皆同等
爾時兜率天王爲如來敷置座已心生尊重
與十萬億阿僧祇兜率天子奉迎如來以清

淨心雨阿僧祇色華雲雨不思議色香雲雨
種種色鬘雲雨廣大清淨栴檀雲雨無量種
種蓋雲雨細妙天衣雲雨無邊衆妙寶雲雨
天莊嚴具雲雨無量種種燒香雲雨一切栴
檀沈水堅固末香雲諸天子衆各從其身出
此諸雲時百千億阿僧祇兜率天子及餘在
會諸天子衆心大歡喜恭敬頂禮阿僧祇天
女踊躍欣慕諦觀如來兜率宮中不可說諸
菩薩衆住虛空中精勤一心以出過諸天諸

淨心雨阿僧祇色華雲雨不思議色香雲雨
種種色變雲雨廣大清淨栴檀雲雨無量種
種蓋雲雨細妙天衣雲雨無邊衆妙寶雲雨
天莊嚴具雲雨無量種種燒香雲雨一切栴
檀沈水堅固末香雲諸天子衆各從其身出
此諸雲時百千億阿僧祇兜率天子及餘在
會諸天子衆心大歡喜恭敬頂禮阿僧祇天
女踊躍欣慕諦觀如來兜率宮中不可說諸
菩薩衆住虛空中精勤一心以出過諸天諸

[illegible]
菩薩衆住虛空中精勤一心以出過諸天諸
供養具供養於佛恭敬作禮阿僧祇音樂一
時同奏爾時如來威神力故往昔善根之所
流故不可思議自在力故兜率宮中一切諸
天及諸天女皆遙見佛如對目前同興念言
如來出世難可值遇我今得見具一切智於
法無礙正等覺者如是思惟如是觀察與諸
衆會悉共同時奉迎如來各以天衣盛一切
華盛一切香盛一切寶盛一切莊嚴具盛一

菩薩衆住虛空中精勤一心以出過諸天諸
供養具供養於佛恭敬作禮阿僧祇音樂一
時同奏爾時如來威神力故往昔善根之所
流故不可思議自在力故兜率宮中一切諸
天及諸天女皆遥見佛如對目前同興念言
如來出世難可值遇我今得見具一切智於
法無礙正等覺者如是思惟如是觀察與諸
衆會悉共同時奉迎如來各以天衣盛一切
華盛一切香盛一切寶盛一切莊嚴具盛一

華盛一切香盛一切寶盛一切莊嚴具盛一
切天栴檀末香盛一切天沉水末香盛一切
天妙寶末香盛一切天香華盛一切天曼陀
羅華悉以奉散供養於佛百千億那由他阿
僧祇兜率陀天子住虛空中咸於佛所起智
慧境界心燒一切香香氣成雲莊嚴虛空又
於佛所起歡喜心雨一切天華雲莊嚴虛空
又於佛所起尊重心雨一切天蓋雲莊嚴虛

周經卷二十二 十 巾

華蓋一切香蓋一切寶蓋一切莊嚴具蓋一
切天栴檀末香蓋一切天沉水末香蓋一切
天妙寶末香蓋一切天香華蓋一切天曼陁
羅華悉以奉散供養於佛百千億那由他阿
僧祇兜率陁天子住虛空中咸於佛所起智
慧境界心燒一切香香氣成雲莊嚴虛空又
於佛所起歡喜心雨一切天華雲莊嚴虛空
又於佛所起尊重心雨一切天蓋雲莊嚴虛

又於佛所起無量心雨一切天蓋雲莊嚴虛

空又於佛所起供養心散一切天鬘雲莊嚴
虛空又於佛所生信解心布阿僧祇金網
彌覆虛空一切寶鈴常出妙音又於佛所最
勝福田心以阿僧祇帳莊嚴虛空雨一切瓔
珞雲無有斷絕又於佛所生深信心以阿僧
祇諸天宮殿莊嚴虛空一切天樂出微妙音
又於佛所生最勝難遇心以阿僧祇種種色
天衣雲莊嚴虛空雨於無比種種妙衣又於
佛所生無量歡喜踊躍心以阿僧祇大寶

空又於佛所起供養心散一切天鬘雲莊嚴
虛空又於佛所生信解心布阿僧祇金網彌
覆虛空一切寶鈴常出妙音又於佛所生最
勝福田心以阿僧祇帳莊嚴虛空雨一切瓔
珞雲無有斷絕又於佛所生深信心以阿僧
祇諸天宮殿莊嚴虛空一切天樂出微妙音
又於佛所生最勝難遇心以阿僧祇種種色
天衣雲莊嚴虛空雨於無比種種妙衣又於

佛所生無量歡喜踊躍心以阿僧祇諸天寶
冠莊嚴虛空雨無量天冠廣大成雲又於佛
所起歡喜心以阿僧祇種種色寶莊嚴虛空
雨一切瓔珞雲無有斷絕百千億那由他阿
僧祇天子咸於佛所生淨信心散無數種種
色天華然無數種種色天香供養如來又於
佛所起大莊嚴變化心持無數種種色天栴
檀末香奉散如來又於佛所起歡喜踊躍心
持無數種種色蓋遍如來又於佛所起歡

佛所生無量歡喜踊躍心以阿僧祇諸天寶
冠莊嚴虛空雨無量天冠廣大成雲又於佛
所起歡喜心以阿僧祇種種色寶莊嚴虛空
雨一切瓔珞雲無有斷絕百千億那由他阿
僧祇天子咸於佛所生淨信心散無數種種
色天華然無數種種色天香供養如來又於
佛所起大莊嚴變化心持無數種種色天栴
檀末香奉散如來又於佛所起歡喜踊躍心

持無數種種色蓋隨逐如來又於佛所起增
上心持無數種種色天寶衣敷布道路供養
如來又於佛所起清淨心持無數種種色天
寶幢奉迎如來又於佛所起增上歡喜心持
無數種種色天莊嚴具供養如來又於佛所
生不壞信心持無數天寶鬘供養如來又於
佛所生無比歡喜心持無數種種色天寶幡
供養如來百千億那由他阿僧祇諸天子以

持無數種種色蓋隨逐如來又於佛所起增
上心持無數種種色天寶衣敷布道路供養
如來又於佛所起清淨心持無數種種色天
寶幢奉迎如來又於佛所起增上歡喜心持
無數種種色天莊嚴具供養如來又於佛所
生不壞信心持無數天寶鬘供養如來又於
佛所生無比歡喜心持無數種種色天寶幡
供養如來百千億那由他阿僧祇諸天子以

調順寂靜無放逸心持無數種種色天樂出
妙音聲供養如來百千億那由他不可說先
住兜率宮諸菩薩衆以從超過三界法所生
離諸煩惱行所生周徧無礙心所生甚深方
便法所生無量廣大智所生堅固清淨信所
增長不思議善根所生起阿僧祇善巧變化
所成就供養佛心之所現無作法門之所印
出過諸天諸供養具供養於佛以從波羅蜜
所生一切寶蓋於一切佛境界清淨解所生

調順寂靜無放逸心持無數種種色天樂出
妙音聲供養如來百千億那由他不可說先
住兜率宮諸菩薩衆以從超過三界法所生
離諸煩惱行所生周徧無礙心所生甚深方
便法所生無量廣大智所生堅固清淨信所
增長不思議善根所生起阿僧祇善巧變化
所成就供養佛心之所現無作法門之所印
出過諸天諸供養具供養於佛以從波羅蜜
所生一切寶蓋於一切佛境界清淨解所生

所生一切寶蓋於一切佛境界清淨解所生
一切華帳無生法忍所生一切衣入金剛法
無礙心所生一切鈴網解一切法如幻心所
生一切堅固香周徧一切佛境界如來座心
所生一切佛衆寶妙座供養佛不懈心所生
一切寶幢解諸法如夢歡喜心所生佛所住
一切寶宮殿無著善根無生善根所生一切
寶蓮華雲一切堅固香雲一切無邊色華雲
一切種種色妙衣雲一切無邊清淨栴檀香

所生一切寶蓋於一切佛境界清淨解所生
一切華帳無生法忍所生一切衣入金剛法
無礙心所生一切鈴網解一切法如幻心所
生一切堅固香周徧一切佛境界如來座心
所生一切佛衆寶妙座供養佛不懈心所生
一切寶幢解諸法如夢歡喜心所生佛所住
一切寶宮殿無著善根無生善根所生一切
寶蓮華雲一切堅固香雲一切無邊色華雲
一切種種色妙衣雲一切無邊清淨栴檀香

寶蓮華雲一切堅固香雲一切無邊色華雲
一切種種色妙衣雲一切無邊清淨栴檀香
雲一切妙莊嚴寶蓋雲一切燒香雲一切妙
鬘雲一切清淨莊嚴具雲皆徧法界出過諸
天供養之具供養於佛其諸菩薩一一身各
出不可說百千億那由他菩薩皆充滿法界
虛空界其心等於三世諸佛以從無顛倒法
所起無量如來力所加開示衆生安隱之道
具足不可說名味句普入無量法一切陀羅

寶蓮華雲一切堅固香雲一切無邊色華雲
一切種種色妙衣雲一切無邊清淨栴檀香
雲一切妙莊嚴寶蓋雲一切燒香雲一切妙
鬘雲一切清淨莊嚴具雲皆徧法界出過諸
天供養之具供養於佛其諸菩薩一一身各
出不可說百千億那由他菩薩皆充滿法界
虛空界其心等於三世諸佛以從無顛倒法
所起無量如來力所加開示衆生安隱之道
具足不可說名味句普入無量法一切陀羅
尼種中生不可窮盡辯才之法

尼種中生不可窮盡辯才之藏心無所畏生
大歡喜以不可說無量無盡如實讚歎法讚
歎如來無有厭足
爾時一切諸天及諸菩薩衆見於如來應正
等覺不可思議人中之雄其身無量不可稱
數現不思議種種神變令無數衆生心大歡
喜普徧一切虛空界一切法界以佛莊嚴而
爲莊嚴令一切衆生安住善根示現無量諸
佛神力超過一切諸語言道諸大菩薩所共

周本　華嚴經　卷第二十二　第十三張　一～八行

尼種中生不可窮盡辯才之藏心無所畏生
大歡喜以不可說無量無盡如實讚歎法讚
歎如來無有厭足
爾時一切諸天及諸菩薩衆見於如來應正
等覺不可思議人中之雄其身無量不可稱
數現不思議種種神變令無數衆生心大歡
喜普徧一切虛空界一切法界以佛莊嚴而
爲莊嚴令一切衆生安住善根示現無量諸
佛神力超過一切諸語言道諸大菩薩所共

爲莊嚴令一切衆生安住善根示現無量諸
佛神力超過一切諸語言道諸大菩薩所共
欽敬隨所應化皆令歡喜住於諸佛廣大之
身功德善根悉已清淨色相第一無能映奪
智慧境界不可窮盡無比三昧之所出生其
身無際徧住一切衆生身中令無量衆生皆
大歡喜令一切智種性不斷住於諸佛究竟
所住生於三世諸佛之家令不可數衆生信
解清淨令一切菩薩智慧成就諸根悅豫法
雲普覆虛空法界教化調伏無有遺餘隨衆

爲莊嚴令一切衆生安住善根示現無量諸
佛神力超過一切諸語言道諸大菩薩所共
欽敬隨所應化皆令歡喜住於諸佛廣大之
身功德善根悉已清淨色相第一無能映奪
智慧境界不可窮盡無比三昧之所出生其
身無際徧住一切衆生身中令無量衆生皆
大歡喜令一切智種性不斷住於諸佛究竟
所住生於三世諸佛之家令不可數衆生信
解清淨令一切菩薩智慧成就諸根悅豫法
雲普覆虛空法界教化調伏無有遺餘隨衆

雲普覆虛空法界教化調伏無有遺餘隨衆
生心悉令滿足令其安住無分別智出過一
切衆生之上獲一切智放大光明宿世善根
皆令顯現普使一切發廣大心令一切衆生
安住普賢不可壞智徧住一切衆生國土從
於不退正法中生住於一切平等法界明了
衆生心之所宜現不可說不可說種種差別
如來之身非世言辭而歎可盡能令一切常

雲普覆虛空法界教化調伏無有遺餘隨衆
生心悉令滿足令其安住無分別智出過一
切衆生之上獲一切智放大光明宿世善根
皆令顯現普使一切發廣大心令一切衆生
安住普賢不可壞智徧住一切衆生國土從
於不退正法中生住於一切平等法界明了
衆生心之所宜現不可說不可說種種差別
如來之身非世言辭而歎可盡能令一切常

思念佛充滿法界廣度羣生隨初發心所欲
利益以法惠施令其調伏信解清淨示現色
身不可思議等觀衆生心無所著住無礙住
得佛十力無所障礙心常寂定未曾散亂住
一切智善能開演種種文句眞實之義悉
深入無邊智海出生無量功德慧藏恒以佛
日普照法界隨本願力常現不沒恒住法界
住佛所住無有變異於我我所俱無所著住

思念佛充滿法界廣度羣生隨初發心所欲
利益以法惠施令其調伏信解清淨示現色
身不可思議等觀衆生心無所著住無礙住
得佛十力無所障礙心常寂定未曾散亂住
一切智善能開演種種文句眞實之義能悉
深入無邊智海出生無量功德慧藏恒以佛
日普照法界隨本願力常現不沒恒住法界
住佛所住無有變異於我我所俱無所著住
出世法世法無染於一切世間建智慧幢其

出世法世法無染於一切世間建智慧幢其
智廣大超過世間無所染著拔諸衆生令出
淤泥置於最上智慧之地所有福德饒益衆
生而無有盡了知一切菩薩智慧信向決定
當成正覺以大慈悲現不可說無量佛種
種莊嚴以妙音聲演無量法隨衆生意悉令
滿足於去來今心常清淨令諸衆生不著境
界恒與一切諸菩薩記令其皆入佛之種性
生在佛家得佛灌頂常遊十方未曾休息而

出世法世法無染於一切世間建智慧幢其
智廣大超過世間無所染著拔諸衆生令出
淤泥置於最上智慧之地所有福德饒益衆
生而無有盡了知一切菩薩智慧信向決定
當成正覺以大慈悲現不可說無量佛身種
種莊嚴以妙音聲演無量法隨衆生意悉令
滿足於去來今心常清淨令諸衆生不著境
界恒與一切諸菩薩記令其皆入佛之種性
生在佛家得佛灌頂常遊十方未曾休息而

生在佛家得佛灌頂常遊十方未曾休息而
於一切無所樂著法界佛刹悉能徧往諸衆
生心靡不了知所有福德離世清淨不住生
死而於世間如影普現以智慧月普照法界
了達一切悉無所得恒以智慧知諸世間如
幻如影如夢如化一切皆以心爲自性如是
而住隨諸衆生業報不同心樂差別諸根各
異而現佛身如來恒以無數衆生而爲所緣

生在佛家得佛灌頂常遊十方未曾休息而
於一切無所樂著法界佛刹悉能徧往諸衆
生心靡不了知所有福德離世清淨不住生
死而於世間如影普現以智慧月普照法界
了達一切悉無所得恒以智慧知諸世間如
幻如影如夢如化一切皆以心爲自性如是
而住隨諸衆生業報不同心樂差別諸根各
異而現佛身如來恒以無數衆生而爲所緣

爲說世間皆從緣起知諸法相皆悉無相唯
是一相智慧之本欲令衆生離諸相著示現
一切世間性相而行於世爲其開示無上菩
提爲欲救護一切衆生出現世間開示佛道
令其得見如來身相攀緣憶念勤加修習除
滅世間煩惱之相修菩提行心不散動於大
乘門皆得圓滿成就一切諸佛義利悉能觀
察衆生善根而不壞滅淸淨業報智慧明了
普入三世永離一切世間分別放光明網普

爲說世間皆從緣起知諸法相皆悉無相唯
是一相智慧之本欲令衆生離諸相著示現
一切世間性相而行於世爲其開示無上菩
提爲欲救護一切衆生出現世間開示佛道
令其得見如來身相攀緣憶念勤加修習除
滅世間煩惱之相修菩提行心不散動於大
乘門皆得圓滿成就一切諸佛義利悉能觀
察衆生善根而不壞滅清淨業報智慧明了
普入三世永離一切世間分別放光明網普

普入三世永離一切世間分別放光明網普
照十方一切世界無不充滿色身妙好見者
無厭以大功德智慧神通出生種種菩薩諸
行諸根境界自在圓滿作諸佛事作已便没
善能開示過現未來一切智道爲諸菩薩普
雨無量陀羅尼雨令其發起廣大欲樂受持
修習成就一切諸佛功德圓滿熾盛無邊妙
色莊嚴其身一切世間靡不現覩永離一切
障疑之法於一切法眞實之義已得淸淨於

普入三世永離一切世間分別放光明網普
照十方一切世界無不充滿色身妙好見者
無厭以大功德智慧神通出生種種菩薩諸
行諸根境界自在圓滿作諸佛事作已便没
善能開示過現未來一切智道爲諸菩薩普
雨無量陀羅尼雨令其發起廣大欲樂受持
修習成就一切諸佛功德圓滿熾盛無邊妙
色莊嚴其身一切世間靡不現覩永離一切
障礙之法於一切法眞實之義已得清淨於

障礙之法於一切法眞實之義已得清淨於
功德法而得自在爲大法王如日普照爲世
福田具大威德於一切世間普現化身放智
慧光悉令開悟欲令衆生知佛具足無邊功
德以無礙繒繫頂受位隨順世間方便開導
以智慧手安慰衆生爲大醫王善療衆病一
切世間無量國土悉能徧往未曾休息清淨
慧眼離諸障翳悉能明見於作不善惡業衆

障礙之法於一切法眞實之義已得清淨於
功德法而得自在爲大法王如日普照爲世
福田具大威德於一切世間普現化身放智
慧光悉令開悟欲令衆生知佛具足無邊功
德以無礙繒繫頂受位隨順世間方便開導
以智慧手安慰衆生爲大醫王善療衆病一
切世間無量國土悉能徧往未曾休息清淨
慧眼離諸障翳悉能明見於作不善惡業衆

周本　華嚴經　卷第二十二　第十五張　十七～二十四行

生種種調伏令其入道善取時宜無有休息
若諸衆生起平等心即爲化現平等業報隨
其心樂隨其業果爲現佛身種種神變而爲
說法令其悟解得法智慧心大歡喜諸根踊
躍見無量佛起深重信生諸善根永不退轉
一切衆生隨業所繫長眠生死如來出世能
覺悟之安慰其心使無憂怖若得見者悉令
證入無依義智智慧善巧了達境界莊嚴妙
子無能決擇智山法幢悉已清淨咸見菩薩

生種種調伏令其入道善取時宜無有休息
若諸衆生起平等心即爲化現平等業報隨
其心樂隨其業果爲現佛身種種神變而爲
說法令其悟解得法智慧心大歡喜諸根踊
躍見無量佛起深重信生諸善根永不退轉
一切衆生隨業所繫長眠生死如來出世能
覺悟之安慰其心使無憂怖若得見者悉令
證入無依義智智慧善巧了達境界莊嚴妙
好無能映奪智山法寶悉已清淨或見菩薩

好無能映奪智山法芽悉已清淨或現菩薩
或現佛身令諸衆生至無恚地無數功德之
所莊嚴業行所成現於世間一切諸佛莊嚴
清淨莫不皆以一切智業之所成就常守本
願不捨世間作諸衆生堅固善友清淨第一
離垢光明令一切衆生皆得現見六趣衆生
無量無邊佛以神力常隨不捨若有往昔同
種善根皆令清淨而於六趣一切衆生不捨
本願無所欺誑悉以善法方便攝取令其修

好無能映奪智山法身悉已清淨或現菩薩
或現佛身令諸衆生至無患地無數功德之
所莊嚴業行所成現於世間一切諸佛莊嚴
清淨莫不皆以一切智業之所成就常守本
願不捨世間作諸衆生堅固善友清淨第一
離垢光明令一切衆生皆得現見六趣衆生
無量無邊佛以神力常隨不捨若有往昔同
種善根皆令清淨而於六趣一切衆生不捨
本願無所欺誑悉以善法方便攝取令其修

種善根皆令清淨而於六趣一切衆生不捨
本願無所欺誑悉以善法方便攝取令其修
習清淨之業摧破一切諸魔鬪諍從無礙際
出廣大力最勝日藏無有障礙於淨心界而
現影像一切世間無不覩見以種種法廣施
衆生佛是無邊光明之藏諸力智慧皆悉圓
滿恒以大光普照衆生隨其所願皆令滿足
離諸怨敵爲上福田一切衆生共所依怙凡
有所施悉令清淨修少善行受無量福悉令

種善根皆令清淨而於六趣一切衆生不捨
本願無所欺誑悉以善法方便攝取令其修
習清淨之業摧破一切諸魔鬪諍從無礙際
出廣大力最勝日藏無有障礙於淨心界而
現影像一切世間無不覩見以種種法廣施
衆生佛是無邊光明之藏諸力智慧皆悉圓
滿恒以大光普照衆生隨其所願皆令滿足
離諸怨敵爲上福田一切衆生共所依怙凡
有所施悉令清淨修少善行受無量福悉令

得入無盡智地爲一切衆生種植善根淨心
之主爲一切衆生發生福德最上良田智慧
甚深方便善巧能救一切三惡道苦如是信
解如是觀察如是入於智慧之淵如是游於
功德之海如是普至虛空智慧如是而知衆
生福田如是正念現前觀察如是觀佛諸業
相好如是觀佛普現世間如是觀佛神通自
在時彼大衆見如來身一一毛孔出百千億
那由他阿僧祇光明一一光明有阿僧祇色

得入無盡智地爲一切衆生種植善根淨心
之主爲一切衆生發生福德最上良田智慧
甚深方便善巧能救一切三惡道苦如是信
解如是觀察如是入於智慧之淵如是游於
功德之海如是普至虛空智慧如是而知衆
生福田如是正念現前觀察如是觀佛諸業
相好如是觀佛普現世間如是觀佛神通自
在時彼大衆見如來身一一毛孔出百千億
那由他阿僧祇光明一一光明有阿僧祇色

於時彼大衆見如來一一毛孔出百千億
那由他阿僧祇光明一一光明有阿僧祇色
阿僧祇清淨阿僧祇照明令阿僧祇衆觀察
阿僧祇衆歡喜阿僧祇衆快樂阿僧祇衆深
信增長阿僧祇衆志樂清淨阿僧祇衆諸根
清涼阿僧祇衆恭敬尊重爾時大衆咸見佛
身放百千億那由他不思議大光明一一光
明皆有不思議色不思議光照不思議無邊
法界以佛神力出大妙音其音演暢百千億
那由他不思議讚頌超諸世間所有言辭

那由他阿僧祇光明一一光明有阿僧祇色
阿僧祇清淨阿僧祇照明令阿僧祇衆觀察
阿僧祇衆歡喜阿僧祇衆快樂阿僧祇衆深
信增長阿僧祇衆志樂清淨阿僧祇衆諸根
清凉阿僧祇衆恭敬尊重爾時大衆咸見佛
身放百千億那由他不思議大光明一一光
明皆有不思議色不思議光照不思議無邊
法界以佛神力出大妙音其音演暢百千億

法界以佛神力出大妙音其音演暢百千億
那由他不思議讚頌超諸世間所有言辭出
世善根之所成就復現百千億那由他不思
議微妙莊嚴於百千億那由他不思議劫歎
不可盡皆是如來無盡自在之所出生又現
不可說諸佛如來出興于世令諸衆生入智
慧門解甚深義又現不可說諸佛如來所有
變化盡法界虛空界令一切世間平等清淨
如是皆從如來所住無障礙一切智生亦從

法界以偈讚歎出大妙音其音演暢百千億
那由他不思議讚頌超諸世間所有言辭出
世善根之所成就復現百千億那由他不思
議微妙莊嚴於百千億那由他不可說劫歎
不可盡皆是如來無盡自在之所出生又現
不可說諸佛如來出興于世令諸衆生入智
慧門解甚深義又現不可說諸佛如來所有
變化盡法界虛空界令一切世間平等淸淨
如是皆從如來所住無障礙一切智生亦從

如來所修行不思議勝德生復現百千億那
由他不思議妙寶光燄從昔大願善根所起
以曾供養無量如來修清淨行無放逸故薩
婆若心無有障礙生善根故爲顯如來力廣
徧故爲斷一切衆生疑故爲令咸得見如來
故令無量衆生住善根故顯示如來神通之
力無映奪故欲令衆生普得入於究竟海故
爲令一切諸佛國土菩薩大衆皆來集故爲

周本　華嚴經　卷第二十二　第十八張　一～八行

如來所修行不思議勝德生復現百千億那
由他不思議妙寶光燄從昔大願善根所起
以曾供養無量如來修清淨行無放逸故薩
婆若心無有障礙生善根故爲顯如來力廣
徧故爲斷一切衆生疑故爲令咸得見如來
故令無量衆生住善根故顯示如來神通之
力無映奪故欲令衆生普得入於究竟海故
爲令一切諸佛國土菩薩大衆皆來集故爲

欲開示不可思議佛法門故爾時如來大悲
普覆示一切智所有莊嚴欲令不可說百千
億那由他阿僧祇世界中衆生未信者信已
信者增長已增長者令其清淨已清淨者令
其成熟已成熟者令心調伏觀甚深法具足
無量智慧光明發生無量廣大之心薩婆若
心無有退轉不違法性不怖實際證眞實理
滿足一切波羅蜜行出世善根皆悉清淨猶

欲開示不可思議佛法門故爾時如來大悲
普覆示一切智所有莊嚴欲令不可說百千
億那由他阿僧祇世界中衆生未信者信已
信者增長已增長者令其清淨已清淨者令
其成熟已成熟者令心調伏觀甚深法具足
無量智慧光明發生無量廣大之心薩婆若
心無有退轉不違法性不怖實際證眞實理
滿足一切波羅蜜行出世善根皆悉清淨猶

如普賢得佛自在離魔境界入諸佛境了知
深法獲難思智大乘誓願永不退轉常見諸
佛未曾捨離成就證智證無量法具足無邊
福德藏力發歡喜心入無疑地離惡清淨依
一切智見法不動得入一切菩薩衆會常生
三世諸如來家世尊所現如是莊嚴皆是過
去先所積集善根所成爲欲調伏諸衆生故
開示如來大威德故照明無礙智慧藏故示

周經第二十二　十八張

如普賢得佛自在離魔境界入諸佛境了知
深法獲難思智大乘誓願永不退轉常見諸
佛未曾捨離成就證智證無量法具足無邊
福德藏力發歡喜心入無疑地離惡清淨依
一切智見法不動得入一切菩薩衆會常生
三世諸如來家世尊所現如是莊嚴皆是過
去先所積集善根所成爲欲調伏諸衆生故
開示如來大威德故照明無礙智慧藏故示

現如來無邊勝德極熾然故顯示如來不可
思議大神變故以神通力於一切趣現佛身
故示現如來神通變化無邊際故本所志願
悉成滿故顯示如來勇猛智慧能徧往故於
法自在成法王故出生一切智慧門故示現
如來身清淨故又現其身最殊妙故顯示證
得三世諸佛平等法故開示善根清淨藏故
顯示世間無能爲諭上妙色故顯示具足十

現如來無邊勝德極熾然故顯示如來不可
思議大神變故以神通力於一切趣現佛身
故示現如來神通變化無邊際故本所志願
悉成滿故顯示如來勇猛智慧能徧往故於
法自在成法王故出生一切智慧門故示現
如來身清淨故又現其身最殊妙故顯示證
得三世諸佛平等法故開示善根清淨藏故
顯示世間無能爲諭上妙色故顯示具足十

顯示世間無能爲諭上妙色故顯示具足十
力之相令其見者無厭足故爲世間日照三
世故自在法王一切功德皆從往昔善根所
現一切菩薩於一切劫偁揚讚說不可窮盡
爾時兜率陀天王奉爲如來嚴辦如是諸供
具已與百千億那由他阿僧祇兜率天子向
佛合掌白佛言善來世尊善來善逝善來如
來應正等覺唯見哀愍處此宮殿
爾時世尊以佛莊嚴而自莊嚴具大威德爲
令一切衆生生大歡喜故一切菩薩發深信

顯示世間無能爲說上妙色故顯示具足十
力之相令其見者無厭足故爲世間日照三
世故自在法王一切功德皆從往昔善根所
現一切菩薩於一切劫偁揚讚說不可窮盡
爾時兜率陀天王奉爲如來嚴辦如是諸供
具已與百千億那由他阿僧祇兜率天子向
佛合掌白佛言善來世尊善來善逝善來如
來應正等覺唯見哀愍處此宮殿
爾時世尊以佛莊嚴而自莊嚴具大威德爲
令一切衆生生大歡喜故一切菩薩發深悟

令一切衆生生大歡喜故一切菩薩發深悟
解故一切兜率陀天子增益欲樂兜率陀
天王供養承事無厭足故無量衆生緣念於
佛而發心故無量衆生種見佛善根福德無
盡故常能發起清淨信故見佛供養無所求
故所有志願皆清淨故勤集善根無懈息故
發大誓願求一切智故受天王請入一切寶
莊嚴殿如此世界十方所有一切世界悉亦

令一切衆生生大歡喜故一切菩薩發深悟
解故一切兜率陁天子增益欲樂故兜率陁
天王供養承事無猒足故無量衆生緣念於
佛而發心故無量衆生種見佛善根福德無
盡故常能發起清淨信故見佛供養無所求
故所有志願皆清淨故勤集善根無懈息故
發大誓願求一切智故受天王請入一切寶
莊嚴殿如此世界十方所有一切世界悉亦

如是

爾時一切寶莊嚴殿自然而有妙好莊嚴出
過諸天莊嚴之上一切寶網周帀彌覆普雨
一切上妙寶雲普雨一切莊嚴具雲普雨一
切寶衣雲普雨一切栴檀香雲普雨一切堅
固香雲普雨一切寶莊嚴蓋雲普雨不可思
議華聚雲普出不可思議妓樂音聲讚揚如
來一切種智悉與妙法而共相應如是一切
諸供養具悉過諸天供養之

周本 華嚴經 卷第二十二 第二十張 一～八行

如是
爾時一切寶莊嚴殿自然而有妙好莊嚴出
過諸天莊嚴之上一切寶網周帀彌覆普雨
一切上妙寶雲普雨一切莊嚴具雲普雨一
切寶衣雲普雨一切栴檀香雲普雨一切堅
固香雲普雨一切寶莊嚴蓋雲普雨不可思
議華聚雲普出不可思議妓樂音聲讚揚如
來一切種智悉與妙法而共相應如是一切

諸供養具悉過諸天供養之上時兜率宮中
妓樂歌讚熾然不息以佛神力令兜率王心
無動亂往昔善根皆得圓滿無量善法益加
堅固增長淨信起大精進生大歡喜淨深志
樂發菩提心念法無斷摠持不忘爾時兜率
陀天王承佛威力即自憶念過去佛所所種
善根而說頌言

昔有如來無礙月　　諸吉祥中最殊勝

諸供養具悉過諸天供養之上時兜率宮中
妓樂歌讚熾然不息以佛神力令兜率王心
無動亂往昔善根皆得圓滿無量善法益加
堅固增長淨信起大精進生大歡喜淨湥志
樂發菩提心念法無斷摠持不忘爾時兜率
陀天王承佛威力即自憶念過去佛所所種
善根而說頌言
昔有如來無礙月　諸吉祥中最殊勝

昔有如來無礙月　諸吉祥中最殊勝
彼曾入此莊嚴殿　是故此處最吉祥
昔有如來名廣智　諸吉祥中最殊勝
彼曾入此金色殿　是故此處最吉祥
昔有如來名普眼　諸吉祥中最殊勝
彼曾入此蓮華殿　是故此處最吉祥
昔有如來号珊瑚　諸吉祥中最殊勝
彼曾入此寶藏殿　是故此處最吉祥
昔有如來論師子　諸吉祥中最殊勝

昔有如來無礙月　諸吉祥中最殊勝
彼曾入此莊嚴殿　是故此處最吉祥
昔有如來名廣智　諸吉祥中最殊勝
彼曾入此金色殿　是故此處最吉祥
昔有如來名普眼　諸吉祥中最殊勝
彼曾入此蓮華殿　是故此處最吉祥
昔有如來号珊瑚　諸吉祥中最殊勝
彼曾入此寶藏殿　是故此處最吉祥
昔有如來論師子　諸吉祥中最殊勝

彼曾入此山王殿 是故此處最吉祥
昔有如來名日照 諸吉祥中最殊勝
彼曾入此衆華殿 是故此處最吉祥
昔有佛号無邊光 諸吉祥中最殊勝
彼曾入此樹嚴殿 是故此處最吉祥
昔有如來名法幢 諸吉祥中最殊勝
彼曾入此寶宮殿 是故此處最吉祥
昔有如來名智燈 諸吉祥中最殊勝

彼曾入此山王殿　是故此處最吉祥
昔有如來名日照　諸吉祥中最殊勝
彼曾入此衆華殿　是故此處最吉祥
昔有佛号無邊光　諸吉祥中最殊勝
彼曾入此樹嚴殿　是故此處最吉祥
昔有如來名法幢　諸吉祥中最殊勝
彼曾入此寶宮殿　是故此處最吉祥
昔有如來名智燈　諸吉祥中最殊勝

彼曾入此香山殿　是故此處最吉祥
昔有佛号功德光　諸吉祥中最殊勝
彼曾入此摩尼殿　是故此處最吉祥
如此世界兜率天王承佛神力以頌讚歎過
去諸佛十方一切諸世界中兜率天王悉亦
如是歎佛功德
爾時世尊於一切寶莊嚴殿摩尼寶藏師子
座上結跏趺坐法身清淨妙用自在與三世
佛同一境界住一切智與一切佛同入一性

彼曾入此香山殿　是故此處最吉祥
昔有佛号功德光　諸吉祥中最殊勝
彼曾入此摩尼殿　是故此處最吉祥

如此世界兜率天王承佛神力以頌讚歎過去諸佛十方一切諸世界中兜率天王悉亦如是歎佛功德

爾時世尊於一切寶莊嚴殿摩尼寶藏師子座上結跏趺坐法身清淨妙用自在與三世

座上結跏趺坐法身清淨妙用自在與三世
佛同一境界住一切智與一切佛同入一性
佛眼明了見一切法皆無障礙有大威力普
遊法界未嘗休息具大神通隨有可化衆生
之處悉能徧往以一切諸佛無礙莊嚴而嚴
其身善知其時爲衆說法不可說諸菩薩衆
各從他方種種國土而共來集衆會清淨法
身無二無所依止而能自在起佛身行坐此
座已於其殿中自然而有無量無數殊特妙

座上結跏趺坐其身清淨妙所自在與三世
佛同一境界住一切智與一切佛同入一性
佛眼明了見一切法皆無障礙有大威力普
遊法界未嘗休息具大神通隨有可化衆生
之處悉能徧往以一切諸佛無礙莊嚴而嚴
其身善知其時爲衆說法不可說諸菩薩衆
各從他方種種國土而共來集衆會淸淨法
身無二無所依止而能自在起佛身行坐此
座已於其殿中自然而有無量無數殊持妙

好出過諸天供養之具所謂華鬘衣服塗香
末香寶蓋幢幡妓樂歌讚如是等事一一皆
悉不可稱數以廣大心恭敬尊重供養於佛
十方一切兜率陀天悉亦如是

大方廣佛華嚴經卷第二十二

嚴瑩 下烏定切　綺煥 上墟彼切 下火貫切　繒綵 上疾陵切

好出過諸天供養之具所謂華鬘衣服塗香
末香寶蓋幢幡妓樂歌讚如是等事一一皆
悉不可稱數以廣大心恭敬尊重供養於佛
十方一切兜率陀天悉亦如是

大方廣佛華嚴經卷第二十二

嚴瑩 下烏定切　綺煥 上墟彼切 下火貫切　繒綵 上疾陵切

嚴堂 綃熳 下火貫切 繒綵 上疾陵切

窻牖 上楚江切 下酉音 門闥 下他達切 欄楯 上落干切 下食尹切

延袤 下戊音 天螺 下落戈切 撫擊 上芳武切 下古歷切

克諧 上苦得切 下戶皆切 口銜 下戶監切 不瞬 下舒閏切

摩醯 下呼雞切 悦豫 下羊茹切 淤泥 上於鋸切

善爍 下力照切 障翳 下於計切 怨敵 下徒歷切

依怙 下侯古切 珊瑚 上蘇干切 下胡[illegible]

周本 華嚴經 卷第二十二 第二十二張 九～十四行

巖堂 [illegible]
繡煥 上[illegible]切 下火貫切
繒綵 上疾陵切

窻牖 上楚江切 下酉音
門闥 下他達切
欄楯 上落干切 下食尹切

延袤 下戊音
天螺 下落戈切
撫擊 上芳武切 下古歷切

克諧 上苦得切 下戶皆切
口銜 下戶監切
不瞬 下舒閏切

摩醯 下呼雞切
悅豫 下羊茹切
淤泥 上於鋸切

善療 下力照切
障翳 下於計切
怨敵 下徒歷切

依怙 下侯古切
珊瑚 上蘇干切 下胡[illegible]

周本 華嚴經 卷第二十二 第二十二張 九～十四行